Début d'une série de documents
en couleur

ROMAIN KALBRIS

PAR

HECTOR MALOT

PARIS

LIBRAIRIE CH. DELAGRAVE

15, RUE SOUFFLOT, 15

Librairie CH. DELAGRAVE, 58, rue des Écoles, Paris.

ENCYCLOPÉDIE
EN TROIS GRANDS DICTIONNAIRES GÉNÉRAUX

DICTIONNAIRE GÉNÉRAL D'HISTOIRE
DE BIOGRAPHIE, DE GÉOGRAPHIE ANCIENNE ET MODERNE, DE MYTHOLOGIE DES INSTITUTIONS ET DES ANTIQUITÉS

Biographie: Vie des hommes célèbres; — **Histoire**: Abrégé de l'histoire des peuples; dynasties, guerres, batailles, traités, révolutions religieuses et politiques, etc.; — **Mythologie**: Religions, rites, fêtes, mystères, livres sacrés, etc.; — **Géographie**: Description du globe, des États, provinces, villes, etc., monuments; — **Antiquités et Institutions**: Usages, coutumes, constitutions, gouvernements, cérémonies, établissements religieux, militaires, littéraires, etc., etc., par MM. Ch. Dezobry et Th. Bachelet; 2 vol. grand in-8 jésus de plus de 3000 pages à 2 col. Prix, brochés.. 25 »
    Avec une demi-reliure en chagrin.................... 33 »

DICTIONNAIRE GÉNÉRAL DES LETTRES
DES BEAUX-ARTS ET DES SCIENCES MORALES ET POLITIQUES

Lettres: Grammaire; — Linguistique; — Rhétorique; — Poétique et Versification; — Critique; — Théorique et Histoire des différents genres de littératures anciennes et modernes; — Notices analytiques sur les grandes œuvres littéraires; — Paléographie et Diplomatique, etc. — **Beaux-arts**: Architecture; Sculpture, Peinture, Musique, Gravure, avec leur histoire; — Numismatique; — Dessin, Lithographie, Photographie; — Description des monuments; — Arts et Jeux; **Sciences morales et politiques**: Philosophie; — Religions, Cultes et Liturgie; — Droit civil, politique, pénal et international; Législation, etc... — Science politique; — Institutions administratives; — Blason; — Économie politique; — Statistique; — Pédagogie, etc., par MM. Th. Bachelet et Ch. Dezobry; 2 vol. grand in-8 jésus, de 2000 pages à 2 col., avec figures. Prix, brochés.................. 25 »
    Avec une demi-reliure en chagrin.................... 31 50

DICTIONNAIRE GÉNÉRAL DES SCIENCES
THÉORIQUES ET APPLIQUÉES

Mathématiques: Arithmétique, Algèbre, Géométrie pure et appliquée, calcul infinitésimal, Calcul des probabilités, Géodésie, Astronomie, etc. — **Physique et Chimie**: Chaleur, Électricité, etc.; Instruments d'optique, Photographie, etc. Météorologie, etc. Chimie, Fabrication des produits chimiques, etc. — **Mécanique et Technologie**: Machines à vapeur: Moteurs hydrauliques et autres; Machines-Outils, etc.; Art militaire; naval; Imprimerie; Lithographie, etc.; — **Histoire naturelle**: Zoologie; Botanique; Minéralogie; Géologie; Paléontologie; Géographie animale et végétale; Hygiène; Médecine; Chirurgie; Art vétérinaire; Pharmacie; Matière médicale; Matière légale, etc.—**Agriculture**, etc., par MM. Privat-Deschanel, ancien professeur de physique au lycée Louis-le-Grand, inspecteur d'Académie à Paris, et Ad. Focillon, ancien professeur de Sciences physiques et naturelles au lycée Louis-le-Grand, Directeur de l'École municipale Colbert. 2 vol. grand in-8 jésus, de 2620 pages, à 2 colonnes, illustrés d'environ 3,000 gravures, sur les dessins de L. Guiguet, L. Rouyer, Claudel, E. Wormser, etc. Prix, br................... 35 »
    Avec une demi-reliure en chagrin.................... 40 »

SCEAUX. — IMP. CHARAIRE ET FILS.

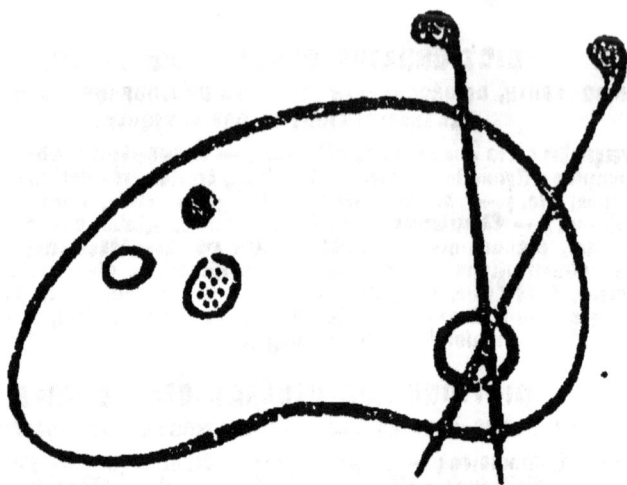

Fin d'une série de documents
en couleur

ROMAIN KALBRIS

SCEAUX. — IMP. CHARAIRE ET FILS

ROMAIN KALBRIS

PAR

HECTOR MALOT

NOUVELLE ÉDITION

PARIS

LIBRAIRIE CH. DELAGRAVE

15, RUE SOUFFLOT, 15

1884

A Madame Anna Malot.

Lorsqu'un jour notre fille, commençant à grandir et voulant dans sa curiosité enfantine se faire tout expliquer, te demandera : — « Que fait donc papa lorsqu'il reste si longtemps enfermé pour écrire? » — il est bon que tu puisses la satisfaire. Ce livre sera ta réponse. Alors, en voyant ton nom sur la première page tout près du mien, elle se dira que ces noms ne doivent être séparés ni dans son esprit ni dans son cœur.

Hector Malot.

ROMAIN KALBRIS

I

De ma position présente, il ne faut pas conclure que j'ai eu la Fortune pour marraine. Mes ancêtres, si le mot n'est pas bien ambitieux, étaient des pêcheurs ; mon père était le dernier de onze enfants, et mon grand-père avait eu bien du mal à élever sa famille, car dans ce métier-là plus encore que dans les autres le gain n'est pas en proportion du travail ; compter sur de la fatigue, du danger, c'est le certain, sur un peu d'argent, le hasard.

A dix-huit ans, mon père fut pris par l'inscription maritime ; c'est une espèce de conscription, au moyen de laquelle l'État peut se faire servir par tous les marins pendant trente-deux ans, — de dix-huit à cinquante. Il partit ne sachant ni lire ni écrire. Il revint premier maître, ce qui est le plus haut grade auquel parviennent ceux qui n'ont point passé par les écoles du gouvernement.

Le Port-Dieu, notre pays, étant voisin des îles anglaises, l'État y fait stationner un cotre de guerre, qui a pour mission d'empêcher les gens de Jersey de venir nous prendre notre poisson, en même temps qu'il force nos

marins à observer les règlements sur la pêche : ce fut
sur ce cotre que mon père fut envoyé pour continuer
son service. C'était une faveur, car, si grandement habitué que l'on soit à faire de son navire la patrie, on est
toujours heureux de revenir au pays natal.

Quinze mois après ce retour, je fis mon entrée dans le
monde, et comme c'était en mars, un vendredi, jour de
nouvelle lune, on s'accorda pour prédire que j'aurais des
aventures, que je ferais des voyages sur mer, et que je
serais très-malheureux, si l'influence de la lune ne con-
trariait pas celle du vendredi : — des aventures, j'en ai
eu, et ce sont elles précisément que je veux vous raconter; — des voyages sur mer, j'en ai fait; — quant à la
lutte des deux influences, elle a été vive; c'est vous qui
direz à la fin de mon récit laquelle des deux l'a emporté.

Me prédire des aventures et des voyages, c'était reconnaître que j'étais bien un enfant de la famille, car de
père en fils tous les Kalbris avaient été marins, et même,
si la légende est vraie, ils l'étaient déjà au temps de la
guerre de Troie. Ce n'est pas nous, bien entendu, qui
nous donnons cette origine, mais des savants qui prétendent qu'il y a au Port-Dieu une centaine de familles, précisément celles des marins, qui descendent d'une colonie
de Phéniciens. Ce qu'il y a de certain, c'est qu'avec nos
yeux noirs, notre teint bistré, notre nez fin, nous n'avons
rien du type normand ou breton, et que nos barques de
pêche sont la reproduction exacte du bateau d'Ulysse tel
que nous le montre Homère : un seul mât avec une voile
carrée; ce gréement, très-commun dans l'Archipel, est
unique dans la Manche.

Pour nous, nos souvenirs remontaient moins loin, et
même leur uniformité les rendait assez confus; quand on
parlait d'un parent, l'histoire n'était guère variée : tout
enfant, il avait été à la mer, et c'était à la mer ou au delà
des mers, chez des peuples dont les noms sont difficiles
à retenir, qu'il était mort dans un naufrage, dans des

batailles, sur les pontons anglais ; les croix portant le nom d'une fille ou d'une veuve étaient nombreuses dans le cimetière, celles portant le nom d'un garçon ou d'un homme l'étaient peu ; ceux-là ne mouraient pas au pays. Comme dans toutes les familles pourtant, nous avions nos héros : l'un était mon grand-père maternel, qui avait été le compagnon de Surcouf ; l'autre était mon grand-oncle Flohy. Aussitôt que je compris ce qui se disait autour de moi, j'entendis son nom dix fois par jour ; il était au service d'un roi de l'Inde qui avait des éléphants ; il commandait des troupes contre les Anglais, et il avait un bras d'argent ; des éléphants, un bras d'argent, ce n'était pas un rêve.

Ce fut le besoin d'aventures inné dans tous les Kalbris qui fit prendre à mon père un nouvel embarquement peu d'années après son mariage : il eût pu commander comme second une des goëlettes qui partent tous les ans au printemps pour la pêche d'Islande ; mais il était fait au service de l'État et il l'aimait.

Je ne me rappelle pas son départ. Mes seuls souvenirs de cette époque se rapportent aux jours de tempête, aux nuits d'orage et aux heures que j'allais passer devant le bureau de poste.

Combien de fois, la nuit, ma mère m'a-t-elle fait prier devant un cierge qu'elle allumait ! Pour nous, la tempête au Port-Dieu c'était la tempête partout, et le vent qui secouait notre maison nous semblait secouer en même temps le navire de mon père. Quelquefois il soufflait si fort qu'il fallait se relever pour attacher les fenêtres, car notre maison était une maison de pauvres gens ; bien qu'elle fût abritée d'un côté par un éboulement de la falaise, et de l'autre par un rouf qui avait autrefois été le salon d'un trois-mâts naufragé, elle résistait mal aux bourrasques d'équinoxe. Une nuit d'octobre, ma mère me réveilla : l'ouragan était terrible, le vent hurlait, la maison gémissait, et il entrait des rafales qui faisaient vaciller la flamme du cierge jusqu'à l'éteindre ; dans les moments d'apaisement, on entendait la bataille des vagues contre les galets, et, comme des détonations, les coups de mer dans les trous de la falaise. Malgré ce bruit formidable, je ne tardai pas à me rendormir à genoux : tout à coup la fenêtre fut arrachée de ses ferrures, jetée dans la chambre où elle se brisa en mille pièces, et il me sembla que j'étais enlevé dans un tourbillon.

— Ah ! mon Dieu, s'écria ma mère, ton père est perdu !

Elle avait la foi aux pressentiments et aux avertissements merveilleux ; une lettre qu'elle reçut de mon père quelques mois après cette nuit de tempête rendit cette foi encore plus vive ; par une bizarre coïncidence, il avait été précisément, dans ce mois d'octobre, assailli par un coup de vent et en grand danger. Le sommeil de la femme d'un marin est un triste sommeil : rêver naufrage, attendre une lettre qui n'arrive pas, sa vie se passe entre ces deux angoisses.

Au temps dont je parle, le service des lettres ne se faisait pas comme aujourd'hui ; on les distribuait tout simplement au bureau, et quand ceux auxquels elles étaient adressées tardaient trop à venir les prendre, on les leur envoyait par un gamin de l'école. Le jour où le courrier arrivait de Terre-Neuve, le bureau était assiégé, car, du printemps à l'automne, tous les marins sont embarqués pour la pêche de la morue, et un étranger qui arriverait au pays pourrait croire qu'il est dans cette île dont parle l'Arioste et d'où les hommes étaient exclus ; aussi les femmes étaient-elles pressées d'avoir des nouvelles. Leurs enfants dans les bras, elles attendaient qu'on fît l'appel des noms. Les unes riaient en lisant, les autres pleuraient. Celles qui n'avaient pas de lettres interrogeaient celles qui en avaient reçu : ce n'est pas quand les marins sont à la mer qu'on peut dire : « Pas de nouvelles, bonnes nouvelles. »

Il y avait une vieille femme qui venait tous les jours depuis six ans, et qui depuis six ans n'avait pas reçu une lettre ; on la nommait la mère Jouan, et l'on racontait qu'un canot monté par son mari et ses quatre garçons avait disparu dans un grain, sans qu'on eût retrouvé ni le canot ni les hommes. Depuis que ce bruit s'était répandu, elle venait chaque matin à la poste. « Il n'y a encore rien pour vous, disait le buraliste, ce sera pour demain. » Elle répondait tristement : « Oui, pour demain. » Et elle s'en retournait pour revenir le lendemain. On disait qu'elle avait la tête dérangée : si folle elle était, je n'ai depuis jamais vu folle triste et douce comme la sienne.

Presque toutes les fois que j'allais au bureau, je la trouvais déjà arrivée. Comme le buraliste était à la fois épicier et directeur de la poste, il commençait naturellement par s'occuper de ceux qui lui demandaient du sel ou du café, et nous donnait ainsi tout le temps de causer ; méthodique et rigoureux sur les usages de sa double profession, il nous allongeait encore ce temps par toutes sortes de cérémonies préparatoires : épicier, il portait un tablier bleu et une casquette; directeur de la poste, une veste de drap et une toque en velours. Pour rien au monde, il n'eût servi de la moutarde la toque sur la tête, et, sachant qu'il avait entre les mains une lettre de laquelle dépendait la vie de dix hommes, il ne l'eût pas remise sans ôter son tablier.

Tous les matins, la mère Jouan me recommençait son récit : « Ils étaient à pêcher, un grain est arrivé si fort, qu'ils ont été obligés de fuir vent arrière au lieu de regagner le *Bien-Aimé;* ils ont passé à côté de la *Prudence* sans pouvoir l'accoster. Mais tu comprends bien qu'avec un matelot comme Jouan il n'y avait pas de danger. Ils auront trouvé quelque navire au large qui les aura emmenés : ça s'est vu bien des fois; c'est comme ça qu'est revenu le garçon de Mélanie. On les a peut-être débar-

qués en Amérique. Quand ils reviendront, c'est Jérôme
qui aura grandi ! il avait quatorze ans ; quatorze ans et
puis six ans, combien que ça fait? — Vingt ans. — Vingt
ans ! ça sera un homme. »

Elle n'admit jamais qu'ils étaient perdus. Elle mourut
elle-même sans les croire morts, et elle avait confié peu
de jours auparavant au curé trois louis pour qu'il les re-
mît à Jérôme quand il reviendrait; malgré le besoin et
la misère, elle les avait toujours gardés pour son petit
dernier.

II

L'embarquement de mon père devait durer trois années, il en dura six : l'état-major fut successivement
remplacé, mais l'équipage tout entier resta dans le Pacifique jusqu'au jour où la frégate menaça de couler bas.

J'avais dix ans lorsqu'il revint au pays.

C'était un dimanche, après la grand'messe ; j'étais sur
la jetée pour voir rentrer la patache de la douane. A côté
du timonier, on apercevait un marin de l'État ; on le re-
marquait d'autant mieux qu'il était en tenue et que les
douaniers étaient en vareuse de service. Comme tous les
jours au moment de la marée, la jetée avait son public
ordinaire de vieux marins, qui, par n'importe quel
temps, soleil ou tempête, arrivaient là deux heures
avant le plein de la mer pour ne s'en aller que deux
heures après.

— Romain, me dit le capitaine Houel en abaissant sa
longue-vue, voilà ton père. Cours au quai si tu veux y
être avant lui.

Courir, j'en avais bonne envie : mais j'avais les jambes
comme cassées. Quand j'arrivai au quai, la patache était
accostée et mon père était débarqué; on l'entourait en
lui donnant des poignées de main. On voulait l'emmener
au café pour lui payer une mocque de cidre.

— A ce soir, dit-il; ça me presse d'embrasser ma femme et mon mousse.

— Ton mousse ! tiens, le voilà.

Le soir, le temps se mit au mauvais; mais on ne se releva pas à la maison pour allumer un cierge.

Pendant six années de voyage, mon père avait vu bien des choses, et j'étais pour lui un auditeur toujours disposé. En apparence impatient et rude, il était, au fond, l'homme le plus endurant, et il me racontait avec une inaltérable complaisance non ce qui lui plaisait, mais ce qui plaisait à mon imagination d'enfant.

Parmi ses récits, il y en avait un que je ne me lassais pas d'entendre et que je redemandais toujours : c'était celui où il était question de mon oncle Jean. Pendant une relâche à Calcutta, mon père avait entendu parler d'un général Flohy, qui était en ambassade auprès du gouverneur anglais. Ce qu'on racontait de lui tenait du prodige. C'était un Français qui était entré comme volontaire au service du roi de Berar; dans une bataille contre les Anglais, il avait par un coup hardi sauvé l'armée indienne, ce qui l'avait fait nommer général; dans une autre bataille, un boulet lui avait enlevé la main ; il l'avait remplacée par une en argent, et quand il était rentré dans la capitale, tenant de cette main les rênes de son cheval, les prêtres s'étaient prosternés devant lui et l'avaient adoré, disant que dans les livres saints il était écrit que le royaume de Berar atteindrait son plus haut degré de puissance lorsque ses armées seraient commandées par un étranger venu de l'Occident, que l'on reconnaîtrait à sa main d'argent. Mon père s'était présenté devant ce général Flohy et avait été accueilli à bras ouverts. Pendant huit jours, mon oncle l'avait traité comme un prince, et il avait voulu l'emmener dans sa capitale ; mais le service était inexorable, il avait fallu rester à Calcutta.

Cette histoire produisit sur mon imagination l'impression la plus vive : mon oncle occupa toutes mes pensées, je ne rêvai qu'éléphants et palanquins ; je voyais sans cesse les deux soldats qui l'accompagnaient portant les mains d'argent ; jusqu'alors j'avais eu une certaine admiration pour le suisse de notre église, mais ces deux soldats qui étaient les esclaves de mon oncle me firent prendre en pitié la hallebarde de fer et le chapeau galonné de notre suisse.

Mon père était heureux de mon enthousiasme ; ma mère en souffrait, car avec son sentiment maternel elle démêlait très-bien l'effet que ces histoires produisaient sur moi :

— Tout ça, disait-elle, lui donnera le goût des voyages et de la mer.

— Eh bien ! après? Il fera comme moi, et pourquoi pas comme son oncle?

Faire comme mon oncle! mon pauvre père ne savait pas quel feu il allumait.

Il fallut bien que ma mère se résignât à l'idée que je serais marin ; mais dans sa tendresse ingénieuse elle voulut au moins m'adoucir les commencements de ce dur métier. Elle décida mon père à abandonner le service de l'État; quand il aurait un commandement pour l'Islande, je ferais mon apprentissage sous lui.

Par ce moyen, elle espérait nous garder à terre pendant la saison d'hiver, alors que les navires qui font la pêche rentrent au port pour désarmer. Mais que peuvent les combinaisons et les prévisions humaines contre la destinée?

III

Mon père était revenu en août; au mois de septembre, le temps, qui avait été beau pendant plus de trois mois, se mit au mauvais; il y eut une série d'ouragans comme il y avait eu une série de calme. On ne parlait que de naufrages sur nos côtes; un vapeur s'était perdu corps et biens dans le raz Blanchard; plusieurs barques de Granville avaient disparu, et l'on disait que la mer aux alentours de Jersey était couverte de débris; à terre, les chemins étaient encombrés de branches rompues; les pommes encore vertes couvraient le sol, aussi drues que si elles avaient été gaulées; bien des pommiers étaient les racines en l'air ou tordus par le milieu du tronc, et les feuilles pendaient aux branches, roussies comme si elles avaient été exposées à un feu de paille.

Tout le monde vivait dans la crainte, car c'était le moment du retour des Terreneuviers.

Cela dura près de trois semaines, puis un soir il se fit une accalmie complète à la fois sur la terre et sur la mer: je croyais la tempête passée, mais au souper mon père se moqua de moi quand je lui demandai si nous n'irions pas le lendemain relever nos filets qui étaient tendus depuis le commencement du mauvais temps.

— Demain, dit-il, la bourrasque se mettra en plein à l'ouest; le soleil s'est couché dans un brouillard roux, il y a trop d'étoiles au ciel, la mer gémit, la terre est chaude; tu verras plus fort que tu n'as encore vu.

Aussi le lendemain, au lieu d'aller à la mer, nous nous mîmes à charrier des pierres sur le toit du rouf. Le vent d'ouest s'était élevé avec le jour; pas de soleil, un ciel sale, éclairé de place en place par de longues lignes vertes, et, bien que la mer fût basse, au loin un bruit sourd semblable à un hurlement.

Tout à coup mon père, qui était sur le toit du rouf, s'arrêta dans son travail, je montai près de lui. Au large, à l'horizon, on apercevait un petit point blanc sur le ciel sombre: c'était un navire.

— S'ils n'ont point d'avaries, ils veulent donc se perdre! dit mon père.

En effet, par les vents d'ouest, le Port-Dieu est inabordable.

1.

C'était une éclaircie qui nous avait montré le navire. Il disparut presque aussitôt à nos yeux. Les nuages s'entassaient dans une confusion noire ; ils montaient rapides, mêlés, roulant comme des tourbillons de fumée qui s'échappent d'un incendie ; la courbure extrême de l'horizon était le foyer d'où ils s'élançaient.

Nous descendîmes au village ; on courait déjà vers la jetée, car déjà tout le monde savait qu'il y avait un navire en vue, c'est-à-dire en danger.

Au loin comme à nos pieds, à droite, à gauche, tout autour de nous, la mer n'était qu'une écume, une neige mouvante ; elle montait plus vite qu'à l'ordinaire, avec un bruit sourd qui, mêlé à la tourmente, paralysait l'ouïe ; les nuages, bien que poussés par un vent furieux, étaient si bas, si lourds, qu'ils semblaient appuyer de tout leur poids sur cette mousse savonneuse. Le navire avait grandi ; c'était un brick ; il était presque à sec de toile.

— Voilà qu'il hisse son guidon, dit le capitaine Houel, qui avait sa longue-vue ; c'est celui des frères Leheu.

Les frères Leheu étaient les plus riches armateurs du pays.

— Il demande le pilote.

— Ah ! oui, le pilote ; il faudrait pouvoir sortir.

Ce fut le pilote lui-même, le père Housard, qui répondit cela ; et comme il n'y avait là que des gens du métier, on ne répliqua point ; on savait bien qu'il avait raison et qu'il était impossible de sortir.

Au même moment, on vit arriver du côté du village l'aîné des frères Leheu. Il ne savait assurément pas quelle était la violence du vent, car à peine eut-il dépassé l'angle de la dernière maison qu'il tourna sur lui-même et fut rejeté dans la rue comme un paquet de hardes. Tant bien que mal, trébuchant, tournoyant, piquant dans le vent comme le nageur dans la vague, il arriva jusqu'à la batterie derrière laquelle nous étions abrités ; en chemin, il perdit son chapeau sans essayer de courir après, et tout le monde vit bien par là qu'il était terriblement tourmenté, car il était connu pour ne jamais rien perdre.

On sut en une minute que le brick lui appartenait; il avait été construit à Bayonne, il était monté par un équipage basque, c'était son premier voyage; il n'était pas assuré.

— Vingt sous du tonneau si vous l'entrez, dit M. Leheu en tirant le père Housard par son suroît.

— Pour l'aller chercher, il faudrait d'abord pouvoir sortir.

Les vagues sautaient par-dessus la jetée; le vent était devenu comme un immense balaiement qui emportait avec lui l'écume des vagues, les goëmons, le sable du parapet, les tuiles du corps de garde ; les nuages éventrés traînaient jusque dans la mer, et la blancheur savonneuse de celle-ci les rendait plus noirs encore.

Quand le brick vit que le pilote ne sortait pas, il vira à moitié de bord pour tâcher de courir une bordée en attendant.

Attendre, c'était le naufrage sûr; entrer sans pilote, c'était le naufrage plus sûr encore.

On accourait du village ; en tout autre moment, c'eût été un risible spectacle de voir les trouées que le vent faisait dans les groupes, comme il les soulevait, les bousculait; il y avait des femmes qui se couchaient par terre et qui tâchaient d'avancer en se traînant sur les genoux.

M. Leheu ne cessait de crier : «Vingt sous du tonneau! quarante sous! » Il allait, venait, courait, et dans la même seconde passait des supplications aux injures.

— Vous êtes tous les mêmes, à la mer quand on n'a pas besoin de vous, dans votre lit quand il y a danger.

Personne ne répondait : on secouait la tête ou bien on la détournait.

Il s'exaspéra :

— Vous êtes tous des propres à rien ! c'est trois cent mille francs de perdus; vous êtes des lâches !

Mon père s'avança :

— Donnez-moi un bateau, j'y vas.

— Toi, Kalbris, tu es un brave.

— Si Kalbris y va, j'y vas aussi, dit le père Housard.

— Vingt sous du tonneau, je ne m'en dédis pas, cria M. Leheu.

— Rien, dit le père Housard, ce n'est pas pour vous ; mais si j'y reste et que ma vieille vous demande deux sous le dimanche, ne la refusez pas.

— Kalbris, dit M. Leheu, j'adopterai ton gars.

— Ce n'est pas tout ça, il nous faut le bateau à Gosseaume.

Ce bateau, qu'on appelait le *Saint-Jean*, était célèbre sur toute la côte pour bien porter la toile par n'importe quel temps.

— Je veux bien, dit Gosseaume cédant à tous les yeux ramassés sur lui, mais c'est à Kalbris que je le prête, il faut qu'il me le ramène.

Mon père m'avait pris par la main ; nous nous mîmes à courir vers la cale où le *Saint-Jean* était à sec : en une minute, il fut appareillé de sa voile et de son gouvernail.

Outre mon père et le pilote, il fallait un troisième marin, un de nos cousins se présenta : on voulut le retenir.

— Kalbris y va bien, dit-il.

Mon père me prit dans ses bras, et d'une voix dont je me rappelle encore l'accent :

— On ne sait pas, dit-il en m'embrassant ; tu diras à ta mère que je l'embrasse.

Sortir du port avec ce vent debout était la grande difficulté ; les haleurs qui tiraient sur l'amarre du *Saint-Jean* n'avançaient pas ; il y avait des secousses qui leur faisaient lâcher prise et les éparpillaient en les bousculant. La pointe extrême de la jetée était balayée par les vagues ; il fallait cependant que le *Saint-Jean* fût halé en dehors de cette pointe pour prendre le vent. Le gardien du phare se noua autour des reins un grelin, et, pendant que les haleurs maintenaient tant bien que mal le *Saint-Jean* dans le chenal, il se baissa le long du parapet et s'avança en tenant à deux mains la rampe en fer qui y est fixée. Il n'avait pas la prétention, vous le sentez bien, de sortir à lui tout seul la barque, que cinquante bras pouvaient à peine entraîner, mais seulement, et c'était un rude travail, de passer l'amarre autour de la poulie de bronze qui est à l'extrémité de la jetée, de telle sorte que la barque, trouvant là son point d'appui, pût s'avancer en sens contraire des haleurs revenant sur leurs pas. Trois fois il fut couvert par la vague, mais il avait l'habitude de ces avalanches d'eau, il résista et parvint à enrouler le grelin. Le *Saint-Jean* recommença à avancer lentement en plongeant si lourdement dans les lames que c'était à croire qu'elles allaient l'emplir. Tout à coup l'amarre mollit et vint d'elle-même; elle avait été larguée et le *Saint-Jean* doublait la jetée.

Je sautai sur le glacis de la batterie et j'embrassai si solidement de mes bras et de mes jambes le mât des signaux, que je pus m'y cramponner; il ployait et craquait comme si, vivant encore, il se fût balancé sur ses racines dans la forêt natale.

J'aperçus mon père au gouvernail : auprès de lui les deux hommes étaient appuyés contre le bordage, le dos au vent. Le *Saint-Jean* s'avançait par saccades ; tantôt il s'arrêtait, tantôt il filait comme un boulet qui ricoche sur des flots d'écume ; tantôt il disparaissait entièrement dans cette poussière d'eau que les marins nomment des embruns.

Le brick, dès qu'il le vit, changea sa route et gouverna en plein sur le phare; aussitôt que le *Saint-Jean* se fut assez élevé dans le vent, il changea aussi sa bordée et gouverna pour couper le brick; en quelques minutes ils se joignirent : la barque passa sous le beaupré du grand navire et presque aussitôt pivota sur elle-même ; ils étaient attachés l'un à l'autre.

— La remorque ne tiendra pas, dit une voix.

— Quand elle tiendrait, ils ne pourront jamais s'affaler le long du brick, dit une autre.

Il paraissait, en effet, impossible que le *Saint-Jean* pût s'approcher assez du brick pour permettre au père Housard d'y grimper : ou le *Saint-Jean* devait être broyé ou le père Housard devait tomber à la mer.

Joints l'un à l'autre, emportés dans la même rafale, poussés par la même vague, le navire et la barque approchaient. Quand le beaupré plongeait, on voyait le pont se dresser et l'équipage, incapable de tenir pied, s'accrocher où il pouvait.

— Monte donc ! monte donc ! criait M. Leheu.

Trois ou quatre fois déjà le père Housard avait essayé de s'élancer, mais les deux navires s'étaient violemment séparés : la barque, lancée à vingt ou trente mètres au bout de la remorque, allait devant, derrière, au hasard des lames qui l'emportaient. Enfin le brick fit une embardée du côté du *Saint-Jean*, et, quand la vague qui l'avait soulevé s'abaissa, le pilote se cramponnait à son bord sur le porte-haubans.

Il semblait que le vent avait vaincu toute résistance, nivelé, démoli, emporté les obstacles : il passait sur nous et au travers de nous irrésistiblement, sans ces intervalles de repos et de reprise qui laissent au moins un moment pour respirer. On ne sentait plus qu'une violente poussée, toujours dans le même sens ; on n'entendait plus qu'un soufflement qui rendait sourd. Sous cet aplatissement, les vagues étaient soulevées avant de se former ; elles s'écroulaient les unes sur les autres en tourbillons.

Le brick arrivait rapide comme la tempête elle-même, portant seulement tout juste ce qu'il fallait de toile pour gouverner. Bien que la mer parût aplatie, il avait des mouvements de roulis et de tangage dans lesquels il s'abattait furieusement de côté et d'autre, comme s'il allait virer : au milieu d'une de ces secousses, on ne vit· plus que des lambeaux de toile ; son hunier avait été emporté ; n'ayant plus de point d'appui pour gouverner, il vint par le travers ; il était à peine à deux ou trois cents mètres de l'entrée.

Un même cri sortit de toutes les poitrines.

Le *Saint-Jean*, à bord duquel étaient restés mon père et mon cousin, suivait le brick à une petite distance ; pour ne pas se heurter contre cette masse, il prit au large, mais au même moment une trinquette fut hissée à bord du brick ; celui-ci revint dans la passe, en coupant une fois encore la route à la barque, qu'il masqua entièrement de sa masse noire. Deux secondes après, il donnait dans le chenal.

C'était la barque que je suivais bien plus que le brick : quand je la cherchai, celui-ci entré, je ne la vis plus. Puis presque aussitôt je l'aperçus en dehors de la jetée ; gênée par la manœuvre du grand navire, elle avait manqué la passe trop étroite, et elle courait vers une sorte de crique à droite de la jetée, où ordinairement dans les jours d'orage on trouvait une mer moins tourmentée.

Mais ce jour-là, comme partout, à perte de vue, la mer y était furieuse, et il fallait une impossibilité absolue de remonter dans le vent pour s'y laisser affaler ; la voile fut amenée, une ancre fut mouillée, et aux vagues qui se précipitaient du large le canot présenta l'avant ; entre lui et la plage se dressait une ligne de rochers qui ne devaient pas être couverts d'eau avant une demi-heure. L'ancre tiendrait-elle ? La corde ne serait-elle pas coupée ? Le *Saint-Jean* pourrait-il toujours s'élever à la lame sans plonger ?

Je n'étais qu'un enfant, mais j'avais assez l'expérience des choses de la mer pour calculer l'horrible longueur de cette attente.

Autour de moi, j'entendais aussi se poser ces questions, car nous avions couru sur la grève et nous étions groupés en tas pour résister au vent :

— S'ils tiennent encore, ils pourront échouer; si le *Saint-Jean* vient au plein, il sera brisé en miettes.

— Kalbris est un rude nageur.

— Ah! oui, nager!

Une planche elle-même eût été engloutie dans ces tourbillons d'eau, d'herbe, de cailloux, d'écume, qui s'abattaient sur la plage, où ils creusaient des trous. Les vagues, repoussées par les rochers, produisaient un ressac qui, en reculant, rencontrait celles venant du large, et, ainsi pressées, elles montaient les unes par-dessus les autres et s'écroulaient en cascades.

Tandis que je restais haletant, les yeux sur le *Saint-Jean*, je me sentis saisir à deux bras; je me retournai, c'était ma mère qui accourait à moi éperdue; elle avait tout vu du haut de la falaise.

On vint nous entourer, le capitaine Houel et quelques autres; on nous parlait, on tâchait de nous rassurer : sans répondre à personne, ma pauvre mère regardait au large.

Tout à coup un grand cri domina le bruit de la tempête :

— L'ancre a lâché!

Ma mère tomba à genoux et m'entraîna avec elle.

Quand je relevai les yeux, je vis le *Saint-Jean* arriver par le travers sur la crête d'une vague immense; soulevé, porté par elle, il passa par-dessus la barrière de rochers; mais la vague se creusa pour s'abattre; la barque se dressa tout debout en tournoyant, et je ne vis plus rien qu'une nappe d'écume.

Ce fut seulement deux jours après qu'on retrouva le corps de mon père horriblement mutilé; on ne retrouva jamais celui de mon cousin.

IV

Pendant six années, la place de mon père avait été vide au bout de la table, mais ce n'était pas le vide effrayant et morne qui suivit cette catastrophe.

Sa mort ne nous réduisit pas absolument à la misère, car nous avions notre maison et un peu de terre; cependant ma mère dut travailler pour vivre.

Elle avait été autrefois la meilleure repasseuse du pays, et comme le bonnet du Port-Dieu est une des belles coiffures de la côte, elle retrouva des pratiques.

Les messieurs Leheu crurent devoir venir à notre aide.

— Mon frère vous prendra tous les quinze jours, dit l'aîné à ma mère, et moi tous les quinze jours aussi; une journée assurée toutes les semaines, c'est quelque chose.

Et ce fut tout. Ce n'était pas payer bien cher la vie d'un homme.

La journée de travail, au temps dont je parle, se réglait sur le soleil; j'eus donc, le matin et le soir, avant comme après l'école, des heures où, en l'absence de ma mère, je fus maître de faire ce qui me plaisait.

Or, ce qui me plaisait, c'était de flâner sur la jetée ou sur la grève, selon que la mer était haute ou basse. Tout ce que ma pauvre maman essayait pour me retenir à la maison était inutile; j'avais toujours des raisons pour m'échapper ou me justifier; heureux encore quand je n'en avais pas pour faire l'école buissonnière, c'est-à-dire quand les navires ne rentraient pas de Terre-Neuve, quand il n'y avait pas de grande marée, quand il n'y avait pas gros temps.

Ce fut dans un de ces jours de grande marée et d'école buissonnière que je fis une rencontre qui eut une influence capitale sur mon caractère et décida de ma vie.

On était à la fin de septembre, et la marée du vendredi devait découvrir des rochers qu'on n'avait pas vus depuis longtemps. Le vendredi matin, au lieu d'aller à l'école, je me sauvai dans la falaise, où, en attendant que la mer descendît, je me mis à déjeuner : j'avais plus de deux heures à attendre.

La marée montait comme une inondation, et si les yeux se détournaient un moment d'un rocher, ils ne le retrouvaient plus, il avait été noyé dans cette nappe qui se soulevait avec une vitesse si calme, que c'était le rocher qui semblait avoir lui-même coulé à pic ; pas une vague, mais seulement une ligne d'écume entre la mer bleue et le sable jaune ; au large, au delà de l'horizon voûté des eaux, le regard se perdait dans des profondeurs grises ; on voyait plus loin qu'à l'ordinaire ; sur les côtes, le cap Vauchel et l'aiguille d'Aval, ce qui n'arrive que dans les grands changements de temps.

La mer resta étale bien longtemps pour mon impatience, puis enfin elle commença à se retirer avec la même vitesse qu'elle était venue. Je la suivis ; j'avais caché dans un trou mon panier et mes sabots et je marchai pieds nus sur la grève, où mes pas creusaient une souille qui s'emplissait d'eau.

Nos plages sont en général sablonneuses ; cependant on y rencontre, semés çà et là, des amas de rochers, que la mer, dans son travail d'érosion, n'a pas encore pu user et qui forment à marée basse des îlots noirâtres. Comme j'étais dans un de ces îlots à poursuivre des crabes sous les goëmons, je m'entendis héler.

Ceux qui sont en faute ne sont pas très-braves, j'eus un moment de frayeur ; mais en levant les yeux je vis que je n'avais rien à craindre, celui qui m'avait hélé n'allait point me renvoyer à l'école : c'était un vieux monsieur à barbe blanche que dans le pays nous avions baptisé Monsieur Dimanche, parce qu'il avait un domestique qu'il appelait Samedi. De vrai, il se nommait M. de Bihorel et il habitait une petite île à un quart d'heure du Port-Dieu ; autrefois cette île avait tenu à la terre, mais il avait fait couper la chaussée de granit qui formait l'isthme et l'avait ainsi transformée en une île véritable, que la mer, lorsqu'elle était haute, baignait de tous côtés. Il avait la réputation d'être le plus grand original qui existât à vingt lieues à la ronde ; et cette réputation il la devait à un immense parapluie qu'il portait toujours tendu au-dessus de sa tête, à la solitude absolue dans laquelle il vivait, surtout à un mélange de dureté et de bonté dans ses relations avec les gens du pays.

— Hé ! petit, criait-il, qu'est-ce que tu fais là ?

— Vous voyez bien, je cherche des crabes.

— Eh bien ! laisse tes crabes et viens avec moi, tu me porteras mon filet, tu ne t'en repentiras pas.

Je ne répondis pas ; mais ma figure parla pour moi.

— Ah ! ah ! tu ne veux pas ?

— C'est que...

— Tais-toi, je vais te dire pourquoi tu ne veux pas ; dis-moi seulement ton nom.

— Romain Kalbris.

— Tu es le fils de Kalbris, qui a péri pour sauver un brick l'année dernière ; ton père était un homme.

J'étais fier de mon père ; ces paroles me firent regarder M. de Bihorel moins sournoisement.

— Tu as neuf ans, continua-t-il en me posant la main sur la tête et en plongeant ses yeux dans les miens, c'est aujourd'hui vendredi, il est midi, tu fais l'école buissonnière.

Je baissai les yeux en rougissant.

— Tu fais l'école buissonnière, poursuivit-il, ceci n'est pas bien difficile à deviner ; maintenant je vais te dire pourquoi. Ne tremble pas, petit nigaud, je ne suis pas sorcier. Allons, regarde-moi. Tu veux profiter de la marée pour pêcher.

— Oui, monsieur, et pour voir la *Tête de chien*.

La *Tête de chien* est un rocher qui ne découvre que très-rarement.

— Hé bien! moi aussi, je vais à la *Tête de chien;* prends mon filet et suis-moi.

Je le suivis sans souffler mot, j'étais abasourdi qu'il m'eût si facilement deviné. Quoique je le connusse bien, c'était la première fois que j'échangeais autant de paroles avec lui, et je ne savais pas que son plaisir était de chercher le mobile secret des actions de ceux avec lesquels il se trouvait; une grande finesse et une longue expérience le faisaient souvent toucher juste, et, comme il ne craignait personne, il disait toujours son impression quelle qu'elle fût, gracieuse ou blessante.

Bien que j'en eusse peu envie, il me fallut parler, tout au moins répondre aux questions qu'il ne cessa de me poser. Il n'y avait pas un quart d'heure que je marchais derrière lui qu'il savait tout ce que je pouvais lui apprendre sur moi-même, sur mon père, sur ma mère, sur ma famille. Ce que je lui racontai de mon oncle l'Indien parut l'intéresser.

— Curieux, disait-il, esprit d'aventure, sang normand mêlé au sang phénicien; d'où peut venir Calbris ou Kalbris.

Cet interrogatoire ne l'empêchait pas d'examiner la grève sur laquelle nous avancions, et de ramasser de temps en temps des coquillages et des herbes qu'il me fallait mettre dans le filet.

— Comment appelles-tu ça? me disait-il à chaque chose.

Presque toujours je restais muet, car, si je connaissais bien de vue ces herbes ou ces coquillages, je ne savais pas leur nom.

— Tu es bien un fils de ton pays, dit-il impatienté; pour vous autres, la mer n'est bonne qu'à piller et à ravager, c'est l'éternelle ennemie contre laquelle il faut se défendre; vous ne verrez donc jamais qu'elle est une mère aussi nourricière que la terre, et que les forêts qui couvrent ses plaines et ses montagnes sont peuplées de plus d'animaux que nos forêts terrestres ! Cet horizon infini, ces nuages, ces flots ne vous parleront donc jamais que d'ouragans et de naufrages !

Il s'exprimait avec une véhémence qui stupéfiait ma timidité d'enfant, et c'est l'impression de ses paroles que je vous donne plutôt que ses paroles elles-mêmes, car j'ai mal retenu ce que je ne comprenais guère; mais l'impression m'est restée si vive que je le vois encore sous son parapluie, étendant son bras sur la haute mer et entraînant mes yeux avec les siens.

— Viens ici, continua-t-il en me montrant une crevasse de rocher d'où l'eau ne s'était pas retirée, que je te fasse comprendre un peu ce que c'est que la mer. Qu'est-ce que ça ?

Il m'indiqua du doigt une sorte de petite tige fauve collée par la base à une pierre, et terminée à l'extrémité par une espèce de corolle jaune dont les bords découpés en lanières étaient d'un blanc de neige.

— Est-ce une herbe, est-ce une bête ? Tu n'en sais rien, n'est-ce pas ? Eh bien ! c'est une bête; si nous avions le temps de rester là, tu la verrais peut-être se détacher, et tu sais bien que les fleurs ne marchent pas. Regarde de tout près, tu vas voir ce qui ressemble à la fleur s'allonger, se raccourcir, se balancer. C'est ce que les savants nomment une anémone de mer. Mais pour que tu sois bien convaincu que c'est un animal, tâche de m'attraper une crevette. Tu sais que les fleurs ne mangent point, n'est-ce pas ?

Disant cela, il prit la crevette et la jeta dans la corolle de l'anémone; la corolle se referma et la crevette disparut engloutie.

Dans un trou plein d'eau, je pris une petite raie : elle avait enfoui ses ailerons dans le sable pour se cacher, mais ses taches brunes et blanches me la firent apercevoir; je la portai à M. de Bihorel.

— Tu as trouvé cette raie, me dit-il, parce qu'elle a

des marbrures, et ce qui te l'a fait découvrir la dénonce aussi aux poissons voraces; or, comme au fond des mers règne une guerre générale dans laquelle on se tue les uns les autres, ainsi que cela arrive trop souvent sur la terre, simplement pour le plaisir et la gloire, ces pauvres raies, qui nagent mal, ne tarderaient pas à être exterminées si la nature n'y avait pourvu; regarde la queue de ta raie, elle est hérissée d'épines et de dards, si bien que, quand elle se sauve, elle ne peut être attaquée par là, et que les ennemis que ses taches attirent doivent s'arrêter devant sa cuirasse. Il y a là une loi d'équilibre universel que tu peux remarquer aujourd'hui et que tu comprendras plus tard.

J'étais émerveillé; vous pouvez comprendre quel effet produisait cette leçon démonstrative sur un enfant naturellement curieux et questionneur, qui n'avait jamais trouvé personne pour lui répondre. La crainte, qui tout d'abord m'avait clos la bouche, s'était promptement dissipée.

Suivant toujours la marée qui se retirait, nous arrivâmes à la *Tête de chien*. Combien y restâmes-nous, je n'en sais rien. Je n'avais plus conscience du temps. Je courais de rocher en rocher, et je rapportais à M. de Bihorel les coquilles ou les plantes que je voyais pour la première fois. J'emplissais mes poches d'un tas de choses qui me semblaient très-curieuses au moment où je les trouvais et que bientôt je jetais pour les remplacer par d'autres qui avaient l'incontestable supériorité d'être nouvelles.

Tout à coup, en levant les yeux, je ne vis plus la côte; elle avait disparu dans un léger brouillard; le ciel était uniformément d'un gris pâle; la mer était si calme que c'était à peine si nous l'entendions derrière nous.

J'aurais été seul que je serais rentré, car je savais combien il est difficile, par un temps de brouillard, de retrouver son chemin au milieu des grèves; mais M. de

Bihorel ne disant rien, je n'osai rien dire non plus.

Cependant le brouillard, qui enveloppait toute la côte, s'avança vers nous comme un nuage de fumée montant de la terre droit au ciel.

— Ah! ah! voici le brouillard, dit M. de Bihorel; si nous ne voulons pas faire une partie de colin-maillard un peu trop sérieuse, il faut nous en retourner : prends le filet.

Mais presque aussitôt le nuage nous atteignit, nous dépassa, et nous ne vîmes plus rien, ni la côte, ni la mer qui était à cinquante pas derrière nous; nous étions plongés dans une obscurité grise.

— La mer est là, dit M. de Bihorel sans s'inquiéter, nous n'avons qu'à aller droit devant nous.

Aller droit devant nous sur le sable, sans rien pour nous guider, ni ornière, ni trace quelconque, ni pente même pour indiquer si nous descendions ou nous montions, c'était jouer sérieusement le jeu du tapis vert de Versailles, dans lequel il s'agit d'aller les yeux bandés du parterre de Latone au bassin d'Apollon sans dévier et sans marcher sur le sable; avec cette circonstance aggravante pour nous que nous avions au moins une demi-lieue à faire avant de trouver les falaises.

Il n'y avait pas dix minutes que nous marchions, quand nous fûmes arrêtés par un amas de rochers.

— C'est les *Pierres vertes*, dis-je.

— C'est le Pouldu, dit M. de Bihorel.

— C'est les *Pierres vertes*, monsieur.

Il me donna une petite tape sur la joue :

— Ah! ah! il paraît que nous avons une bonne petite caboche, dit-il.

Si c'étaient les *Pierres vertes*, nous devions les longer en allant à droite et nous rapprocher ainsi du Port-Dieu; si, au contraire, c'était le Pouldu, nous devions prendre à gauche, sous peine de tourner le dos au village.

En plein jour, rien n'est plus facile que de distinguer

ces deux rochers; même la nuit, à la clarté de la lune, je les aurais facilement reconnus; mais, dans le brouillard, nous voyions les pierres couvertes de varech et voilà tout.

— Écoutons, dit M. de Bihorel, le bruit de la côte nous guidera.

Nous n'entendîmes rien, ni le bruit de la côte, ni le bruit de la mer. Il ne faisait pas un souffle de vent. Nous étions comme plongés dans une ouate blanche qui nous bouchait les oreilles aussi bien que les yeux.

— C'est le Pouldu, dit M. de Bihorel.

Je n'osai le contredire davantage et le suivis en tournant comme lui à gauche.

— Viens près de moi, mon enfant, me dit-il d'une voix douce, donne-moi la main, que nous ne nous séparions point; une, deux, marchons au pas.

Nous marchâmes encore environ dix minutes, puis je sentis sa main qui serrait la mienne. On entendait un faible clapotement. Nous nous étions trompés, c'étaient les *Pierres vertes;* nous nous dirigions droit vers la mer et nous n'en étions plus qu'à quelques pas.

— Tu avais raison, dit-il, il fallait prendre à droite; retournons.

Retourner où? Comment nous diriger? Nous savions où était la mer parce que nous entendions le flot se briser doucement, mais en nous éloignant nous n'entendions plus rien, et nous ne savions plus si nous tournions le dos à la côte ou si nous donnions sur elle.

L'obscurité devenait de plus en plus opaque, car à l'épaisseur du brouillard s'ajoutait l'approche de la nuit. Nous ne voyions plus depuis quelques instants déjà le bout de nos pieds, et ce fut à peine si M. de Bihorel put distinguer l'heure à sa montre. Il était six heures; la marée allait commencer à remonter.

— Il faut nous hâter, dit-il; si le flot nous prend, il ira plus vite que nous; il a des bottes de sept lieues.

Il sentit au tremblement de ma main que j'avais peur.

— N'aie pas peur, mon enfant, le vent va s'élever de terre et pousser le brouillard au large; d'ailleurs, nous verrons le phare, qui va bientôt s'allumer.

Il n'y avait pas là de quoi me rassurer; le phare, je savais bien que nous n'apercevrions pas sa lumière. Depuis quelques minutes je pensais à trois femmes qui, l'année précédente, avaient comme nous été surprises sur cette grève par le brouillard et qui avaient été noyées; on avait retrouvé leurs cadavres seulement huit jours après; je les avais vu rapporter au Port-Dieu, et je les avais maintenant là devant les yeux, épouvantables dans leurs pauvres guenilles verdâtres.

Quoique je voulusse me retenir, je me mis à pleurer. Sans se fâcher, M. de Bihorel tâcha de me calmer par de bonnes paroles.

— Crions, me dit-il; s'il y a un douanier sur la falaise, il nous entendra et nous répondra; il faut bien que ces mâtins-là servent à quelque chose.

Nous criâmes, lui d'une voix forte, moi d'une voix entrecoupée de sanglots. Rien ne nous répondit, pas même l'écho; et ce silence morne me pénétra d'un effroi plus grand encore; il me sembla que j'étais mort au fond de l'eau.

— Marchons, dit-il; peux-tu marcher?

Il me tira par la main, et nous avançâmes à l'aventure. Aux paroles qu'il m'adressait de temps en temps pour m'encourager, je sentais bien qu'il était inquiet aussi, et sans confiance dans ses propres paroles.

Après plus d'une longue demi-heure de marche, le désespoir me gagna tout à fait, et, lui lâchant la main, je me laissai tomber sur le sable.

— Abandonnez-moi là, monsieur, pour mourir, lui dis-je en pleurant.

— Allons, bon! fit-il, autre marée maintenant; veux-tu

bien rentrer tes larmes; est-ce qu'on meurt quand on a une maman? Allons, lève-toi, viens.

Mais tout, même cela, était inutile; je restais sans pouvoir bouger.

Tout à coup je poussai un cri.

— Monsieur !

— Eh bien, mon enfant?

— Là, là, baissez-vous.

— Veux-tu que je te porte, pauvre petit?

— Non, monsieur, tâtez.

Et lui prenant la main, je la posai à plat à côté de la mienne.

— Eh bien?

— Sentez-vous? voilà l'eau.

Nos plages sont formées d'un sable très-fin, profond et spongieux; à marée basse, ce sable, qui s'est imbibé comme une éponge, s'égoutte, et l'eau se réunissant forme de petits filets presque invisibles, qui suivent la pente du terrain jusqu'à la mer. C'était un de ces petits filets que ma main avait barré.

— La côte est là, et j'étendis le bras dans la direction d'où venait l'eau.

En même temps je me relevai; l'espérance m'avait rendu mes jambes; M. de Bihorel n'eut pas besoin de me traîner.

J'allais en avant; de minute en minute, je me baissais pour coller ma main sur la plage, et, par la direction de l'eau, remonter le courant.

— Tu es un brave garçon, dit M. de Bihorel; sans toi, nous étions, je crois, bien perdus.

Il n'y avait pas cinq minutes qu'il avait laissé échapper ses craintes, lorsqu'il me sembla que je ne trouvais plus d'eau. Nous fîmes encore quelques pas; ma main se posa sur le sable sec.

— Il n'y a plus d'eau.

Il se baissa et tâta aussi à deux mains; nous ne sentîmes que le sable humide qui s'attacha à nos doigts.

En même temps il me sembla entendre comme un léger clapotement. M. de Bihorel l'entendit aussi

— Tu te seras trompé, dit-il, nous marchons vers la mer.

— Non, monsieur, je vous assure; et puis, si nous approchions de la mer, le sable serait plus mouillé.

Il ne dit rien et se releva. Nous restâmes ainsi indécis, perdus une fois encore. Il tira sa montre; il faisait bien trop sombre pour voir les aiguilles, mais il la fit sonner : elle sonna six heures et trois quarts.

— La marée monte depuis plus d'une heure.

— Alors, monsieur, vous voyez bien que nous nous sommes rapprochés de la côte.

Comme pour donner une confirmation à mon raisonnement, nous entendîmes derrière nous un ronflement sourd; il n'y avait pas à s'y tromper, c'était la marée montante qui arrivait.

— C'est une *nau* que nous avons devant nous, dit-il.

— Je le crois bien, monsieur.

Ces plages, précisément parce qu'elles sont formées d'un sable mouvant, ne restent pas parfaitement planes. il s'y forme çà et là de petits monticules séparés les uns des autres par de petites vallées; tout cela à peu près plat pour l'œil, tant les différences de niveau sont légères, mais parfaitement sensible pour l'eau, si bien qu'à la marée montante ce sont les vallées qui se remplissent les premières et les monticules restent à sec, formant des îles, battues d'un côté par le flot montant, entourées de tous les autres par l'eau qui court dans les vallées comme dans le lit d'une rivière. Nous étions en face d'une de ces rivières. Était-elle profonde? Toute la question était là.

— Il faut passer la *nau*, dit M. de Bihorel; tiens-moi bien.

Et comme j'hésitais :

— As-tu pas peur de te mouiller, dit-il, les pieds ou la tête? choisis; moi, j'aime mieux les pieds.

— Non, monsieur, nous allons nous perdre dans l'eau.

— Veux-tu donc rester là pour être pris par la mer?

— Non, mais passez le premier, je resterai là à crier, vous irez contre ma voix; quand vous serez de l'autre côté, vous crierez à votre tour et j'irai sur vous.

— Passe le premier.

— Non, je nage mieux que vous.

— Tu es un brave petit, viens, que je t'embrasse.

Et il m'embrassa comme si j'avais été son fils; ça me remua le cœur.

Il n'y avait pas de temps à perdre, la mer arrivait rapidement; de seconde en seconde on entendait son soufflement plus fort. Il entra dans l'eau et je commençai à crier.

— Ne crie pas, dit M. de Bihorel, que je ne voyais plus, chante plutôt si tu peux.

— Oui, monsieur, et je me mis à chanter :

> Il est né en Normandie;
> Il y fut nommé Rageau.
> Sa beauté, dès son berceau
> A chacun faisait envie.
> Tra la, la, tra la, la.

Je m'interrompis.

— Avez-vous pied, monsieur?

— Oui, mon enfant, il me semble que je commence à remonter; chante.

> Ses lèvres étaient vermeilles
> Comme du sang de navet;
> Sa bouche ne s'arrêtait
> Qu'en rencontrant ses oreilles.
> Tra la, la, tra la, la.

J'allais chanter le troisième couplet de cette ronde.

— A ton tour, me cria M. de Bihorel, je n'ai plus d'eau que jusqu'aux genoux, viens !

Et il entonna un air sans paroles qui était triste comme une chanson de mort.

J'entrai dans l'eau; mais je n'étais pas de la taille de M. Bihorel et ne tardai pas à perdre pied; ce n'était rien pour moi qui nageais comme un poisson. Seulement, comme il y avait du courant, j'eus peine à me diriger droit, et il me fallut plus d'un quart d'heure pour arriver jusqu'à lui.

Lorsque je l'eus rejoint, nous ne tardâmes pas à sortir tout à fait de l'eau et à nous retrouver sur le sable.

Il respira avec une satisfaction qui me montra combien son anxiété avait été vive...

— Prenons une prise, dit-il, nous l'avons bien gagnée.

Mais à peine avait-il atteint sa tabatière, qu'il poussa une exclamation en secouant ses doigts.

— Mon tabac qui est changé en marc à café et ma montre qui, bien sûr, tourne comme la roue d'un moulin dans l'eau, qu'est-ce que Samedi va dire?

Je ne sais à quoi cela tenait, mais je n'avais plus peur du tout. Il me semblait que le danger était passé.

Il ne l'était pas, et il nous restait plus de chemin à faire que nous n'en avions fait; nous étions entourés des mêmes dangers et nous avions les mêmes difficultés pour nous diriger.

Le brouillard semblait s'être encore épaissi; la nuit était venue, et, bien que nous fussions plus rapprochés de la falaise, nous n'entendions aucun bruit de ce côté qui nous dît : « La terre est là, » ni le beuglement d'une vache, ni un coup de fouet, ni le grincement d'un essieu, rien : un silence lourd devant nous; derrière, le grondement sourd et continu de la mer qui montait.

C'était là notre seule boussole maintenant, mais bien incertaine et bien perfide. Si nous avancions trop vite, nous pouvions nous perdre; si nous n'avancions pas assez vite, la marée menaçait de nous atteindre et de nous engloutir avant que nous fussions arrivés au

2.

galet, où la pente plus rapide ralentirait sa course.

Nous recommençâmes donc à marcher en nous tenant par la main ; souvent je me baissais pour tâter le sable, mais je ne trouvais plus d'eau courante : nous étions sur un banc coupé de petites rides, et l'eau y restait stagnante dans les creux, ou bien, en petits filets, elle se répandait parallèlement au rivage.

L'espoir que j'avais eu, la *nau* traversée, nous abandonnait, lorsque subitement nous nous arrêtâmes tous les deux en même temps. Le son d'une cloche avait déchiré l'atmosphère qui nous enveloppait.

Après un intervalle de deux ou trois secondes, nous entendîmes un deuxième, puis bientôt un troisième coup.

C'était l'Angelus au Port-Dieu ; nous n'avions plus qu'à marcher du côté d'où venait le son, nous étions sauvés.

Sans rien nous dire, et d'un commun accord, nous nous mîmes à courir.

— Dépêchons-nous, dit M. de Bihorel. L'Angelus ne durera pas assez longtemps ; c'est une trop courte prière, aujourd'hui on devrait y joindre les litanies, pour nous guider.

Avec quelle émotion, courant sans reprendre haleine, nous comptions les volées de la cloche ! Nous ne parlions ni l'un ni l'autre, mais je comprenais très-bien que, si elle cessait de se faire entendre avant que nous eussions atteint le galet, nous pouvions n'avoir été sauvés quelques instants que pour nous reperdre une fois encore.

Elle cessa ; nous étions toujours sur le sable. Peut-être le galet n'était-il qu'à quelques mètres ; peut-être n'avions-nous que la jambe à allonger pour le toucher ; mais comment savoir de quel côté? Le pas que nous allions faire en avant pouvait aussi bien nous rapprocher du salut que nous en éloigner, et dans ce cas nous rejeter au milieu des dangers que nous venions de courir.

— Arrêtons-nous, dit M. de Bihorel, et ne faisons plus un seul pas à l'aventure ; tâte le sable, mon enfant.

Je tâtai ; je collai mes deux mains sur la grève, j'attendis ; je les relevai sèches toutes les deux.

— As-tu compté combien nous passions de *naus* ?

— Non, monsieur.

— Alors, tu ne sais pas s'il nous en reste encore à traverser : si nous les avons toutes passées, nous n'avons qu'à attendre ; quand la mer arrivera, nous marcherons doucement en la précédant.

— Oui, mais si nous ne les avons pas toutes passées ?

Il ne répondit pas, car il n'avait à me répondre que ce que je savais aussi bien que lui ; c'est-à-dire que, si nous avions encore une *nau* entre nous et le galet, et si nous restions sans avancer, la mer l'emplirait doucement ; il nous faudrait la passer à la nage et nous exposer à être entraînés par le courant, jetés peut-être dans des rochers d'où nous ne pourrions jamais sortir.

Nous eûmes un moment d'anxiété terrible, restant là, ne sachant que faire, n'osant nous décider à avancer, à reculer, à aller à droite, à aller à gauche, car en demeurant immobiles dans la position même où nous avions cessé d'entendre la cloche, nous étions sûrs au moins que le pays était là devant nous, comme si nous l'avions vu dans une éclaircie, tandis que, si nous faisions un seul pas, nous nous retrouvions livrés à toutes les angoisses de l'incertitude.

Notre seul espoir était désormais dans un coup de vent qui, balayant le brouillard, nous laisserait voir le phare, car d'entendre le bruit de la côte, il n'y fallait pas compter ; nous estimions être au sud du village, en face d'une falaise déserte, d'où à pareille heure ne pouvait venir aucun bruit ; mais l'atmosphère était si calme, si lourde, le brouillard était si compacte, si solide, que pour croire à une brise il fallait être dans une position comme la nôtre, où l'on en arrive à espérer l'impossible et à attendre un miracle.

Ce miracle se fit; la cloche qui avait cessé de sonner reprit en carillonnant.

Il y avait un baptême, et pour cette fois nous étions bien certains d'arriver, car le carillon du baptême dure souvent une demi-heure et quelquefois plus, quand le parrain s'est arrangé pour donner des forces au sonneur.

En moins de cinq minutes nous atteignîmes le galet, et, le remontant, longeant le pied de la falaise, nous arrivâmes à la chaussée qui joignait l'île de M. de Bihorel à la terre. Nous étions sauvés...

M. de Bihorel voulut me faire entrer chez lui ; malgré toutes ses instances je refusai. J'avais hâte d'arriver à la maison, où ma mère était peut-être déjà arrivée.

— Eh bien ! dis à ta mère que j'irai la voir demain soir.

J'aurais bien voulu qu'il ne nous fît pas cette visite qui allait apprendre à ma mère où j'avais passé ma journée, mais comment l'empêcher ?

Ma mère n'était pas encore rentrée ; quand elle arriva, elle me trouva avec des habits secs, auprès du feu que j'avais allumé.

Je m'acquittai de la commission de M. de Bihorel.

Le lendemain soir, comme il l'avait promis, il arriva ; je le guettais ; quand j'entendis ses pas, j'eus envie de me sauver.

— Ce garçon-là vous a-t-il raconté ce qu'il a fait hier ? dit-il à ma mère, après s'être assis.

— Non, monsieur.

— Eh bien ! il a fait l'école buissonnière toute la journée.

Ma pauvre maman me regarda avec une douloureuse inquiétude, croyant avoir à entendre tout un réquisitoire contre moi.

— Ah ! Romain, dit-elle tristement.

— Ne le grondez pas trop, interrompit M. de Bihorel,

car en même temps il m'a sauvé la vie. Allons, ne tremble pas comme ça, mon garçon, et viens là. Vous avez
un brave enfant, madame Kalbris, vous pouvez en être
fière.

Il raconta comment il m'avait trouvé la veille, et comment nous avions été surpris par le brouillard.

— Vous voyez que sans lui, continua-t-il, j'étais bien
perdu, n'est-ce pas, ma chère dame? Je m'étais fâché le
matin contre son ignorance, parce qu'il ne savait pas le
nom d'une actinie. Mais quand le danger est arrivé, ma
science ne m'a plus servi à rien; et si je n'avais pas eu
pour m'aider l'instinct de cet enfant, ce seraient les ac-
tinies, les crabes et les homards qui, à cette heure, étu-
dieraient mon anatomie. J'ai donc contracté une dette en-
vers votre fils, je veux m'en acquitter.

Ma mère fit un geste.

— Rassurez-vous, dit-il sans se laisser interrompre, je ne
veux rien vous proposer qui ne soit digne de votre fierté
et du service que j'ai reçu. J'ai fait causer l'enfant, il
est curieux de voir et de savoir; donnez-le-moi, je me
charge de son éducation; je n'ai pas d'enfants et je les
aime, il ne sera pas malheureux auprès de moi.

Ma mère accueillit comme elle le devait cette proposition, mais elle n'accepta pas.

— Permettez, fit M. de Bihorel en étendant la main
vers elle, je vais vous dire pourquoi vous me refusez :
vous aimez cet enfant passionnément, vous l'aimez pour
lui et pour son père que vous avez perdu, il est désormais tout pour vous, et vous voulez le garder; c'est vrai,
n'est-ce pas? Maintenant je vais vous dire aussi pourquoi
vous devez me le donner néanmoins : il y a en lui un
fond d'intelligence qui ne demande qu'à être cultivé; à
Port-Dieu, cela n'est pas possible, et, sans entrer dans
vos affaires, il ne vous est pas possible, à vous, je
crois, de l'envoyer ailleurs; ajoutez que l'enfant a un caractère indépendant et aventureux qui a besoin d'être

surveillé. Pensez à cela; ne me répondez pas tout de suite, réfléchissez à tête posée, quand les premiers mouvements de votre cœur maternel se seront calmés; je reviendrai demain soir.

Lorsqu'il fut parti, nous nous mîmes à souper, mais ma mère ne mangea pas; elle me regardait longuement, puis, quand mes yeux rencontraient les siens, elle se détournait du côté du feu.

Quand je lui dis adieu, avant d'aller me coucher, je sentis ses larmes mouiller mes joues. Qui les faisait couler, ces larmes? Était-elle fière de moi pour ce que M. de Bihorel avait raconté? Était-elle désespérée de notre séparation?

Je ne pensai en ce moment qu'à la séparation, dont l'idée me troublait aussi.

— Ne pleure pas, maman, lui dis-je en l'embrassant, je ne te quitterai pas.

— Si, mon enfant, c'est pour ton bien; M. de Bihorel a trop raison, il faut accepter.

V

Ma réception chez M. de Bihorel justifia pour moi sa réputation d'originalité, dont j'avais tant entendu parler.

En arrivant, je le trouvai devant la porte de la maison, car, m'ayant vu de loin, il était venu au-devant de moi.

— Arrive ici, dit-il sans me laisser le temps de me reconnaître. As-tu jamais écrit une lettre? Non. Eh bien! tu vas en écrire une à ta mère pour lui dire que tu es arrivé et que Samedi ira demain chercher ton linge. Par cette lettre je verrai ce que tu sais. Entre, et mets-toi là.

Il me fit entrer dans une grande salle pleine de livres, me montra une table sur laquelle étaient du papier, des plumes, de l'encre, et me laissa.

J'avais plus envie de pleurer que d'écrire, car cette brusquerie, me tombant sur le cœur après l'émotion de la séparation, me suffoquait ; cependant je tâchai d'obéir. Mais je salis mon papier de plus de larmes que d'encre, car, bien que ce fût ma première lettre, je sentais que : « Je suis arrivé et Samedi ira demain chercher mon linge, » c'était un peu court, mais il m'était impossible de trouver autre chose.

J'étais depuis un quart d'heure écrasé sous cette malheureuse phrase qui ne voulait pas s'allonger, lorsque mon attention fut distraite par une conversation qui s'engagea dans la pièce voisine entre M. de Bihorel et Samedi.

— Pour lors, disait Samedi, l'enfant est arrivé.

— Pensais-tu qu'il ne viendrait pas ?

— Je pensais que ça va changer tout ici.

— En quoi ?

— Monsieur déjeune vers midi ; moi, je prends ma goutte le matin : l'enfant attendra-t-il midi pour manger, ou bien boira-t-il la goutte avec moi ?

— Tu es fou avec *ta goutte.*

— Dame ! je n'ai jamais pris d'enfants en nourrice.

— Tu as été enfant, n'est-ce pas ? Eh bien ! souviens-toi de ce temps-là et traite-le comme on te traitait toi-même.

— Ah ! mais non, pas de ça dans votre maison ; moi, j'ai été élevé à la dure ; si vous voulez l'élever comme ça, mieux vaut le renvoyer chez lui. N'oubliez pas que vous lui devez quelque chose, à ce petit.

— Ne l'oublie jamais toi-même et agis en conséquence.

— Alors faut lui donner la goutte avec du sucre.

— Tu lui donneras ce que tu aimais à son âge ; ou plutôt tu lui demanderas ce qu'il veut.

— Si vous le mettez sur ce pied-là, ça ira bien.

— Samedi, sais-tu à quoi servent les enfants ?

— Ça ne sert à rien qu'à dévaster tout et à faire damner le monde.

— Cela sert encore à autre chose : cela sert à recommencer notre vie quand elle a dévoyé; cela sert à réussir ce que nous avons manqué.

Presque aussitôt il rentra.

— Tu ne sais rien, dit-il en lisant ma lettre, tant mieux; il n'y aura pas à arracher avant de planter. Maintenant, va te promener.

C'était vraiment une singulière habitation que cette île, qu'on nommait la *Pierre-Gante*, et telle que jamais je n'ai rien vu qui lui ressemblât.

Du rivage, l'île se présente en amphithéâtre sous la forme d'un triangle allongé dont la pointe la plus longue et la plus basse n'est séparé de la terre ferme que par un petit bras d'eau large à peine de quatre cents mètres. Tout ce qui est incliné vers la côte est couvert de verdure, herbe et arbustes que crèvent seulement çà et là quelques aiguilles grises de granit; tout ce qui regarde la mer est dénudé, pelé, brûlé par les vents et le sel.

La maison est située au sommet de l'île, à l'endroit même où les pentes se réunissent pour former un petit plateau, et si, par le fait de sa position, elle jouit d'une vue circulaire qui embrasse l'horizon aussi bien sur terre que sur mer, elle est, par contre, exposée à toute la violence des vents, de quelque côté qu'ils soufflent. Mais les vents ne peuvent rien contre elle, car, bâtie sous le ministère de Choiseul pour s'opposer aux débarquements des Anglais et se relier aux nombreux corps de garde de la côte, elle a des murailles en granit de plusieurs pieds d'épaisseur, et un toit à l'épreuve de la bombe. Quand M. de Bihorel avait acheté cette vieille bicoque, il l'avait, à l'extérieur, entourée d'une galerie qui l'égayait en l'agrandissant, et, à l'intérieur, transformée en maison habitable, au moyen de cloisons et de portes. Il ne l'avait rendue ainsi ni commode ni élégante, mais il ne lui avait rien enlevé de sa qualité indispensable, qui était d'être aussi solide sous le vent que le rocher lui-même dont elle faisait partie.

Ces vents terribles, qui sont l'ennemi contre lequel il faut sans cesse se défendre, sont cependant en même temps un bienfait pour l'île. Ils lui donnent en hiver une température plus douce que dans l'intérieur des terres, si bien que, dans les creux du terrain, à l'abri des rochers ou des éboulements, on rencontre des plantes et des arbustes qui, sous des climats moins rudes, ont besoin de la protection d'une serre : des lauriers-roses, des fuchsias, des figuiers.

Le plus grand nombre des accidents de terrain étaient dus à la nature ; mais quelques-unes avaient été créés par M. de Bihorel, qui, aidé de Samedi, avait transformé l'île en un grand jardin sauvage ; seule, la partie exposée à l'ouest avait échappé à leur travail ; continuellement tondue par les vents et arrosée de l'écume des vagues, elle servait de pâturage à deux petites vaches bretonnes et à des brebis noires.

Ce qu'il y avait de curieux dans ces travaux de transformation et d'appropriation en réalité considérables, c'est qu'ils avaient été accomplis par ces deux hommes seuls, sans le secours d'aucun ouvrier.

J'avais souvent entendu dire dans le pays que c'était par avarice que M. de Bihorel agissait ainsi ; lorsque je le connus, je vis que c'était, au contraire, en vertu d'un principe. « L'homme doit se suffire à lui-même, répétait-il souvent, et je suis un exemple vivant que cela est possible. »

Il poussait si loin cette idée dans son application, que, même pour les choses ordinaires et journalières de la vie, il n'avait recours à aucun étranger. On se nourrissait du lait des vaches, des légumes et des fruits du jardin, du poisson pêché par Samedi, du pain cuit à la maison avec de la farine moulue dans un petit moulin à vent qui était assurément le chef-d'œuvre de M. de Bihorel :

3

l'île eût été assez grande qu'on lui eût fait produire le blé nécessaire à la provision de l'année et les pommes pour presser le cidre.

Pour être juste, il faut dire que la part de Samedi était considérable ; il avait été mousse, matelot, domestique d'un officier de marine, cuisinier à bord d'un baleinier, et il avait ainsi fait l'apprentissage de tous les métiers.

Les rapports entre ces deux hommes n'étaient pas ceux d'un maître et d'un domestique, mais de deux associés ; ils mangeaient à la même table, et la seule distinction entre eux était que M. de Bihorel occupait le haut bout. Ainsi organisée, cette existence avait quelque chose de simple et de digne qui ne m'étonna pas quand je m'y trouvai mêlé, mais qui maintenant me touche et m'émeut encore.

— Mon garçon, me dit M. de Bihorel dès le jour de mon arrivée, je n'ai pas l'intention de faire de toi un monsieur, c'est-à-dire un notaire ou un médecin, mais tout simplement un marin qui soit un homme. Il y a plus d'une façon de s'instruire : on peut s'instruire en jouant et se promenant. Ce système est-il de ton goût ?

Ce discours était un peu bizarre pour un enfant tel que moi. La pratique m'expliqua ce que je n'avais pas tout d'abord bien compris.

J'avais été un peu surpris d'apprendre que l'éducation pouvait se faire même en jouant, car ce n'était pas ainsi que j'avais été habitué à travailler à l'école. Je le fus bien plus quand il me mit à l'œuvre, c'est-à-dire dans l'après-midi même.

Je l'accompagnais dans sa promenade sur la côte, et, tout en marchant, il me faisait causer ; nous étions entrés dans un petit bois de chênes.

— Qu'est-ce que c'est que ça ? dit-il en me montrant des fourmis qui traversaient le chemin.

— Des fourmis.

— Oui, mais que font-elles ?

— Elles en portent d'autres.

— Bon, tu vas les suivre jusqu'à leur fourmilière; tu les regarderas et tu me diras ce que tu as vu; si tu ne remarques rien qui t'étonne, tu reviendras demain, après-demain, jusqu'à ce que tu aies observé quelque chose.

Après deux journées passées autour de la fourmilière, je vis qu'il y avait des fourmis qui ne faisaient absolument rien, tandis qu'il y en avait d'autres qui travaillaient sans cesse et qui même donnaient à manger aux paresseuses.

— C'est bien, me dit-il quand je lui communiquai le résultat de mes observations; tu as vu le principal, cela suffit. Ces fourmis qui ne font rien ne sont pas des malades ou des invalides, comme tu crois; ce sont les maîtres de celles qui travaillent et qui sont des esclaves. Sans le secours de ces esclaves, elles seraient incapables d'aller chercher leur nourriture. Cela te surprend; il en est pourtant de même dans notre monde; il est encore quelques pays où il y a des hommes ne faisant rien qui sont nourris par ceux qui travaillent. Si cette oisiveté avait pour cause l'infirmité chez les maîtres, rien ne serait plus explicable que le travail des uns et le repos des autres : il faut bien s'entr'aider; mais il n'en est pas ainsi. Les maîtres, chez les fourmis, sont précisément ceux qui sont les plus aptes aux choses qui demandent la force et le courage, — à la guerre. Nous retournerons observer ensemble ces fourmis, et nous les verrons sans doute se livrer entre elles quelque grande bataille. Ce sont les maîtres seuls qui y prennent part, et leur but est de conquérir des esclaves. En attendant que tu sois témoin de ces luttes, je vais te donner à lire, dans le livre d'un savant qui se nomme Huber, le récit d'un de ces combats qui eut lieu précisément au moment même où une autre grande bataille, bien plus terrible, se livrait à cinq cents lieues de là entre les hommes. Les hommes avaient-ils, ce jour-là, de meilleures raisons pour s'entre-tuer, je ne le sais pas, mais je sais que le massacre fut épouvantable. Moi-même, si je ne suis pas resté sur ce champ de mort, il s'en est fallu de bien peu. Nous marchions le long d'une rivière qu'on nomme l'Elbe, et de l'autre côté, sur la rive droite, les Russes avaient en batterie une formidable artillerie dont nous entendions les détonations, mais dont nous ne voyions pas les ravages, parce que nous étions abrités par un coude de la rivière et par un mouvement de terrain. Tout en marchant je n'avais qu'une idée, c'est que ce jour, qui pouvait être le jour de ma mort, car il fallait passer sous le feu de cette artillerie, était aussi celui de la fête de ma femme. Je pensais combien j'aurais été heureux de la lui souhaiter. Tout à coup, j'aperçois à mes pieds, dans le fossé humide où je marchais, toute une traînée de myosotis en pleine fleur. Il ne faut pas croire que dans les batailles les choses se passent comme le représentent les tableaux, avec une parfaite régularité d'alignement. Nous étions déployés en tirailleurs, c'est-à-dire libres de nos mouvements. En dépit du sérieux de la position, les petites fleurs bleues m'attiraient. Je me baissai pour cueillir quelques brins de myosotis, et au même moment je sentis au-dessus de moi un vent terrible qui me passait à quelques pouces de la tête, puis j'entendis une détonation épouvantable et je reçus sur le dos une bourrée de branches de saule. Nous étions arrivés en face de la batterie, et c'était elle qui venait de faucher autour de moi tous mes camarades. Si j'étais resté debout, sans mon petit bouquet par conséquent, j'étais mort comme eux. Avoue que j'avais bien fait de penser à ma femme. Quand je parvins à sortir de dessous les saules, le maréchal Ney avait fait taire les canons russes.

Tout pénétré encore de ce récit de la bataille de Friedland, le soir même, je lisais celui du combat des fourmis dans Huber. Huber était aveugle, il regardait par les yeux du plus dévoué et du plus intelligent des domestiques, et lui dictait ensuite le plus charmant livre qu'on ait écrit sur les abeilles et les fourmis. Si M. de Bihorel n'eût point ainsi amené cette lecture, et s'il me l'eût imposée comme un devoir au lieu de me la donner comme une récompense, quel effet eût-elle produit sur un enfant de mon âge, ignorant de tout comme je l'étais? Grâce à la façon dont il me la présenta, elle entra si pleinement dans mon esprit préparé qu'aujourd'hui encore, malgré les années écoulées, j'en retrouve le souvenir plus sensible et plus net que pour le livre que je lisais hier.

Il n'aimait pas beaucoup les livres. Il y en eut un pourtant qu'il me mit tout de suite entre les mains, mais celui-là était à ses yeux ce qu'est la *Bible* pour les protestants, l'*Imitation* pour un catholique; c'était sur ce livre qu'il avait modelé sa vie, c'était lui qui avait créé la Pierre-Gante et les merveilles de travail qu'on y voyait; c'était lui qui avait donné l'idée du grand parapluie, lui qui avait baptisé Samedi que, par respect pour Robinson, il n'avait pas voulu nommer Vendredi, — c'était le *Robinson Crusoé*.

— Tu apprendras là-dedans, me dit-il en me le remettant, ce que peut chez un homme la force morale; tu apprendras aussi que si l'homme peut à lui seul, par la volonté, recommencer toutes les inventions humaines, il ne doit pas trop s'enorgueillir de sa puissance, car au-dessus de lui il y a Dieu. Tu ne sens peut-être pas en ce moment ce que je te dis là, mais ça te reviendra plus tard, et il était nécessaire que cela te fût dit. Au reste, si tu n'es pas frappé par ce grand enseignement, tu feras comme tous les lecteurs, tu prendras dans le livre ce qui te plaira.

Je ne sais pas s'il est des enfants qui peuvent lire *Robinson* de sang-froid; pour moi je fus transporté.

Il faut avouer pourtant que ce qui me toucha, ce ne fut pas le côté philosophique qui m'avait été indiqué, mais bien le côté romanesque, — les aventures sur mer, le naufrage, l'île déserte, les sauvages, l'effroi, l'inconnu. Mon oncle l'Indien eut un rival.

Je trouvai là comme une justification de mes désirs. Qui de nous ne s'est pas mis à la place du héros de de Foë, et ne s'est pas demandé :

— Pourquoi ne m'en arriverait-il pas autant? Pourquoi n'en ferais-je pas autant?

Ce ne sont pas seulement les enfants de six mois qui croient qu'il n'y a qu'à étendre la main pour prendre la lune.

Samedi, qui savait tant de choses, ne savait pas lire. En voyant mon enthousiasme, il eut envie de connaître ces aventures et me demanda de les lui lire.

— Il te les contera, dit M. de Bihorel, et ça vaudra mieux; tu es assez primitif pour préférer le récit à la lecture.

Dix années de voyages avaient donné à Samedi une certaine expérience, et il n'acceptait pas toutes mes histoires sans y faire des objections. Mais j'avais une réponse qui ne permettait pas la discussion.

— C'est écrit.

— En es-tu sûr, mon petit Romain?

Je prenais le livre et je lisais.

Samedi écoutait en se grattant le nez, puis, avec la résignation d'une foi aveugle :

— Puisque c'est écrit, disait-il, je veux bien; mais c'est égal, j'y ai été, à la côte d'Afrique, et je n'ai jamais vu de lions venir à la nage attaquer les navires. Enfin !

Il avait surtout été dans les mers du Nord, et il avait gardé de ces voyages des souvenirs avec lesquels il payait mes récits.

Une année, surpris par les glaces, ils avaient été obligés d'hiverner : pendant six mois ils avaient vécu sous la neige, plus de la moitié de l'équipage était restée

ensevelie sous cette neige ; les chiens eux-mêmes étaient
morts, non de froid ou de privation de nourriture, mais
de privation de lumière ; si on avait eu assez d'huile
pour tenir toujours les lampes allumées, ils auraient
vécu. C'était presque aussi beau que *Robinson*, quelquefois cependant c'était trop beau pour ma crédulité.

— Est-ce écrit ?

Samedi était bien alors obligé de convenir qu'il ne
l'avait pas lu ; mais il l'avait vu.

— Qu'est-ce que cela fait, puisque ce n'est pas écrit ?

De pareils entretiens n'étaient pas de nature, il faut en
convenir, à me donner l'idée de vivre tranquillement à
terre ; aussi ma mère, tourmentée de voir mes dispositions naturelles si malheureusement encouragées, voulut-
elle faire une tentative auprès de M. de Bihorel.

— Ma chère dame, répondit-il, je vous rendrai l'enfant si vous trouvez que je le pousse dans une voie que
vous ne voudriez pas lui voir suivre ; mais vous ne le
changerez jamais tout à fait, il est de la race de ceux qui
cherchent l'impossible ; je conviens avec vous que cela
mène rarement à la fortune, mais cela mène quelquefois
aux grandes choses.

Telle est l'ingratitude des enfants qu'à ce moment
j'aurais presque volontiers quitté la Pierre-Gante. M. de
Bihorel avait étudié les cris des oiseaux, et dans ces cris
il avait cru, à tort ou à raison, trouver un langage dont
il avait composé le lexique ; il voulait me l'apprendre :
je n'y comprenais absolument rien. De là étaient nées des
occasions continuelles, pour lui de colère, pour moi de
pleurs.

C'était cependant chose curieuse que ce langage, et je
regrette bien aujourd'hui de n'en avoir retenu que quelques mots. Tout ce qu'un oiseau peut exprimer, M. de
Bihorel affirmait qu'il était arrivé à le traduire, selon
lui, couramment : « J'ai faim... manger là-bas... sauvons-
nous vite... faisons un nid... kia ouah tsioui, voilà la

tempête. » Mais alors j'étais encore trop enfant et trop paysan pour admettre, même à l'état d'hypothèse, que les bêtes puissent parler. Nous sentons la musique, qui n'est pas notre langue, et nous ne voulons pas que les oiseaux la comprennent, eux qui nous en ont donné les premiers modèles! Nos chiens, nos chevaux, nos animaux domestiques entendent notre langage ; était-il donc tout à fait impossible que M. de Bihorel entendît celui des oiseaux?

Ma mère, troublée par cette réponse de M. de Bihorel, ne persista pas dans sa demande, et je dus continuer à étudier le dictionnaire des Guillemot et des Pierre Garin.

— Tu verras plus tard, me dit M. de Bihorel, l'utilité de ce qui te paraît aujourd'hui ridicule. Ta mère a peur que tu sois marin, je ne le souhaite pas non plus; car aujourd'hui, si on entre avec enthousiasme dans la marine à quinze ans, on en sort souvent à quarante, avec dégoût. Mais tu as la passion des voyages, c'est chez toi une vocation de famille, et il faut s'arranger pour donner satisfaction à ta vocation et aux désirs de ta mère. Je voudrais donc que tu fusses un homme comme André Michaux dont tu lisais l'autre jour la vie, comme Siebold, un médecin hollandais qui nous a fait connaître le Japon; comme l'Anglais Robert Fortune ; je voudrais te préparer à voyager dans des pays peu connus, au profit de ta patrie que tu enrichirais de plantes nouvelles et d'animaux utiles, au profit de la science dont tu serais un soldat. Voilà qui vaut mieux que d'être marin pour transporter toute ta vie, comme un entrepreneur de roulage maritime, du café de Rio-Janeiro au Havre, et des articles-Paris du Havre à Rio-Janeiro; et si cela se réalise, tu verras que ce que je veux t'apprendre aujourd'hui te rendra de réels services.

C'était là un beau rêve. Par malheur, ce ne fut qu'un rêve. Cette direction prévoyante et élevée eût-elle fait

de moi l'homme que M. de Bihorel voulait? Je ne sais;
car elle cessa de s'exercer sur moi précisément au moment où elle m'était le plus nécessaire et où je commençais à profiter des leçons de cet excellent homme. Voici
comment arriva cette brusque catastrophe :

Habituellement j'accompagnais M. de Bihorel dans
toutes ses courses; quelquefois cependant il s'embar-
quait seul dans la chaloupe pour aller étudier tout à son
aise les cris des oiseaux à l'île des Grunes, qui est à trois
lieues au large du Port-Dieu.

Un jour qu'il était ainsi parti avant que je fusse levé,
nous fûmes très-surpris de ne pas le voir revenir à
l'heure du dîner.

— Il aura manqué la marée, dit Samedi, ce sera pour
celle de ce soir.

Le temps était calme, la mer tranquille; il n'y avait
en apparence aucun danger. Cependant Samedi paraissait assez inquiet.

Le soir, M. de Bihorel n'arriva pas, et Samedi, au lieu
de se coucher, alluma un grand feu de fagots sur le
point le plus élevé de l'île. Je voulus rester auprès de
lui, il m'envoya à mon lit assez durement. Vers le matin
avant le jour, je me levai et l'allai rejoindre. Il marchait en
long et en large devant le feu qui jetait de grandes
flammes rouges, et de temps en temps il s'arrêtait pour
écouter : on n'entendait que le murmure de la mer;
quelquefois il se faisait une sourde rumeur, un bruit
d'ailes, et des oiseaux, que la lumière avait été troubler
dans leurs cavernes, s'abattaient affolés sur notre feu.

Une lueur blanche entr'ouvrit le ciel du côté de
l'Orient.

— Bien sûr il lui sera arrivé quelque chose, dit Samedi; il faut emprunter le bateau à Gosseaume et aller à
l'île des Grunes.

L'île des Grunes est un amas de rochers granitiques
qui n'est habité que par les oiseaux de mer; nous l'eûmes

3.

bientôt explorée ; nulle part nous ne trouvâmes traces de M. de Bihorel ni de la chaloupe.

Au Port-Dieu tout le monde fut bientôt en émoi, car malgré son originalité on aimait le vieux M. Dimanche. Cette disparition était inexplicable.

— Il aura chaviré, disaient les uns.

— On retrouverait la chaloupe.

— Et les courants?

Samedi ne disait rien, mais de toute la journée il ne quittait pas la grève ; quand la marée baissait, il suivait le flot, et les uns après les autres il visitait tous les rochers ; il y avait des soirs où nous nous trouvions ainsi éloignés de cinq à six lieues du Port-Dieu. Il ne parlait pas, jamais il ne prononçait le nom de M. de Bihorel ; seulement, quand il rencontrait un pêcheur, il lui disait d'une voix dolente :

— Rien de nouveau?

Et le pêcheur, qui comprenait cette brève interrogation, répondait :

— Rien de nouveau.

Et alors, s'il voyait une larme dans mes yeux, il me donnait une petite tape sur la tête en disant :

— Tu es un bon garçon ; oui, tu es un bon gars.

Quinze jours après cette inexplicable absence arriva à la Pierre-Gante un M. de La Berryais, qui habitait la basse Normandie. C'était un petit-neveu de M. de Bihorel et son seul parent.

Après nous avoir fait longuement raconter ce qui s'était passé, il embaucha douze hommes au Port-Dieu avec l'ordre d'explorer le rivage. Les recherches continuèrent pendant trois jours, puis, le soir du troisième jour, il les arrêta, déclarant qu'elles étaient désormais inutiles et que bien certainement M. de Bihorel avait péri ; les courants avaient entraîné le corps et la chaloupe.

— Qu'en savez-vous ? s'écria Samedi ; pourquoi voulez-vous qu'il soit mort? Les courants peuvent bien avoir entraîné la chaloupe sans qu'elle ait chaviré ; peut-être que le maître a été débarquer en Angleterre. Pourquoi ne reviendrait-il pas demain?

C'était devant les gens qui avaient fait les recherches qu'il avait répondu ces paroles. Personne ne répliqua par respect pour son chagrin, mais personne n'était de son avis.

Le lendemain, M. de La Berryais nous fit comparaître devant lui, Samedi et moi, et il nous annonça qu'il n'y avait plus besoin de personne à la Pierre-Gante : on allait fermer les portes, et le notaire ferait soigner les bêtes en attendant qu'on les vendît.

Samedi fut tellement suffoqué qu'il ne put que balbutier des paroles inintelligibles ; puis tout à coup, se tournant vers moi :

— Fais ton sac, me dit-il, nous allons sortir d'ici tout de suite.

En quittant l'île, nous rencontrâmes M. de La Berryais sur la chaussée; Samedi marcha droit à lui :

— Monsieur, dit-il, vous êtes peut-être bien son neveu pour la loi, mais pour moi vous ne l'êtes pas; non, vous ne l'êtes pas, et c'est un vrai matelot qui vous le dit.

Il avait été convenu que Samedi accepterait l'hospitalité chez ma mère jusqu'à ce qu'il eût trouvé à se loger dans le village, mais il ne resta pas longtemps avec nous.

Tous les matins il s'en allait sur la plage et il continuait ses recherches. Cela dura à peu près trois semaines, puis un soir il nous annonça qu'il nous quitterait le lendemain pour passer aux îles anglaises et peut-être en Angleterre.

— Parce que, voyez-vous, dit-il, la mer ne garde rien, ça c'est sûr; donc si elle ne rend rien, c'est peut-être qu'elle n'a rien pris.

Ma mère voulut le faire parler, il n'en dit pas davantage.

Je le conduisis jusque sur le sloop, où il s'embarqua.

Comme je l'embrassais :

— Tu es un bon garçon, dit-il ; tu iras quelquefois à la Pierre-Gante, et tu porteras une poignée de sel à la vache noire, elle t'aimait bien aussi.

VI

J'avais un oncle chez qui le sang des Kalbris n'avait pas parlé, et qui, à la mer, avait préféré la terre ferme ; il était huissier à Dol, et passait pour très-riche.

Ma mère, bien embarrassée de moi, lorsque je rentrai à la maison, lui écrivit pour lui demander conseil. Un mois après, nous le vîmes arriver au Port-Dieu.

— Je n'ai pas répondu à votre lettre, dit-il, parce que, comme j'avais l'intention de venir, ce n'était pas la peine de donner l'argent à la poste, il est assez dur à gagner ; je ne suis pas venu plus tôt parce que j'attendais une occasion ; j'ai trouvé un mareyeur qui m'a fait faire quinze lieues pour douze sous. Autant de pris sur l'ennemi.

Il est facile de conjecturer par ce langage que c'était un homme économe que mon oncle Simon ; il nous en donna bientôt la preuve.

— Alors, dit-il, lorsqu'il se fut fait mettre au courant de notre situation, je vois ce que c'est ; vous ne voulez pas que ce garçon-là aille à la mer ; vous avez raison, ma belle-sœur, métier de chien, on n'y gagne rien ; et vous aimez mieux qu'il achève ce qu'il a commencé chez le vieux Dimanche. Mais vous n'avez pas compté sur moi pour ça, n'est-ce pas ?

— Je n'ai jamais voulu vous demander d'argent, dit ma mère avec une fierté douce.

— De l'argent, je n'en ai pas. On dit que je suis riche,

ce n'est pas vrai; je dois à tout le monde. J'ai été obligé d'acheter un domaine, qui me ruine.

— M. le curé m'expliquait, poursuivit ma mère, que les services et la mort du père pourraient faire entrer le fils dans un collége, sans payer.

— Et qui ferait les démarches? Pas moi, vous pouvez y compter. Je n'ai pas le temps et je n'aime pas à fatiguer les gens influents que je connais, on peut en avoir besoin plus tard. Non, il y a mieux à faire que cela. Les frères Leheu avaient promis de se charger de l'enfant, c'est à eux de payer le collége.

— Ils n'en parlent plus.

— Eh bien! je leur en parlerai, moi.

Comme ma mère allait interrompre :

— Pas de fausse délicatesse, poursuivit mon oncle; à demander ce qui est dû, la honte est pour celui qui se laisse demander, et pas du tout pour celui qui demande ; comprenez ça.

Il fallut que ma mère se résignât à cette démarche contre laquelle protestaient sa droiture et sa fierté ; mon oncle était un homme auquel on ne résistait pas.

— Vous comprenez, dit-il en manière de conclusion, que, si je me suis dérangé de mes affaires pour m'occuper des vôtres, c'est bien la moindre des choses que vous fassiez ce que je vous conseille.

C'était aussi un homme qui ne perdait pas son temps.

— Toi, dit-il, en se tournant vers moi, tu vas aller tout de suite chez les messieurs Leheu, voir s'ils sont tous les deux à leur bureau ; je t'attendrai dans la rue, et s'ils sont ensemble, nous entrerons. Je connais leurs manières : si nous les voyions séparément, celui que nous verrions commencerait par tout promettre en demandant seulement d'en faire part à son frère, et celui-là refuserait ce que le premier aurait accordé : je ne donne pas dans ces malices.

Comme ils étaient à leur bureau l'un et l'autre, nous entrâmes et j'assistai à une scène étrange, dont les moindres détails sont restés dans ma mémoire : il faut qu'elle m'ait bien frappé, car, en franchissant la porte, j'avais un pouce de rouge sur la figure ; d'instinct, il me semblait que c'était déshonorer le dévouement de mon père que d'aller en demander le paiement à ces égoïstes, et la honte me gonflait les yeux.

En entendant la proposition de mon oncle nettement formulée, les deux frères donnèrent toutes les marques d'un profond étonnement, et s'agitèrent sur leurs chaises comme s'ils eussent été assis sur des épines.

— L'envoyer au collége ! dit le plus jeune.

— Au collége ! cria l'aîné.

— Nous, les frères Leheu ! crièrent-ils en même temps.

— N'avez-vous pas pris l'engagement de l'adopter ? répliqua mon oncle.

— L'adopter, moi ? dit l'aîné.

— L'adopter, toi ? cria le jeune.

— L'adopter, nous ? vociférèrent-ils tous deux.

Alors commença une discussion confuse et assourdissante : chaque réponse du plus jeune des frères était aussitôt répétée par l'aîné, exactement dans les mêmes termes, seulement sur un ton dix fois plus élevé ; l'un criait, l'autre vociférait ; au milieu de tout ce tapage, mon oncle ne se laissait pas démonter, et quand les deux frères répétaient en chœur : « Nous faisons plus que nous n'avons promis, nous donnons à travailler à la mère, » il avait un petit rire sec qui rétablissait immédiatement le calme.

Enfin, comme ils revenaient pour la cinquième ou la sixième fois à cet argument, il eut un mouvement d'impatience.

— Croirait-on pas que ça vous ruine ? dit-il ; ma parole, vous êtes les premiers que je rencontre aussi complets. Vous donnez, vous donnez... à vous entendre, on croirait que vous donnez votre fortune, et vous donnez... à travailler; ne vous rend-on pas vos dix sous et votre nourriture en ouvrage? Payez-vous sa mère plus qu'une autre ouvrière?

— Nous la payons comptant, dit le jeune avec un mouvement de juste satisfaction, et nous sommes disposés, oui, nous le ferons volontiers, nous sommes disposés à ne pas nous en tenir là. Quand vous venez nous dire que Kalbris est mort pour sauver notre fortune, ce n'est pas vrai : il est mort pour sauver des hommes, des matelots comme lui, qui allaient se noyer; et ça, vous comprenez bien que ce n'est pas notre affaire, c'est celle du gouvernement; il y a des fonds au budget pour ceux qui s'amusent à faire de l'héroïsme; eh bien, c'est égal, quand ce garçon-là sera grand, quand il saura travailler, qu'il vienne à nous, et nous lui donnerons à travailler, n'est-ce pas, Jérôme?

— A travailler, dit l'aîné, et tant qu'il voudra.

Ce fut tout ce que mon oncle put obtenir.

— Voilà des gens... dit-il quand nous fûmes sortis.

Je crus que j'allais entendre l'explosion d'une colère longtemps contenue.

— Voilà des gens admirables, continua mon oncle, stupéfait d'avoir trouvé plus dur que lui; qu'ils te servent d'exemple. Ils savent dire non : retiens bien ce mot-là; c'est avec lui et avec lui seul qu'on est sûr de conserver ce qu'on a gagné.

Ne pouvant me faire entrer au collége avec la bourse des frères Leheu, mon oncle proposa à ma mère de me prendre chez lui : il avait précisément besoin d'un clerc; j'étais bien jeune pour remplir cette place, mais, si je ne gagnais pas ma nourriture pendant les premières années, en prenant l'engagement de rester chez lui cinq ans sans être payé, je l'indemniserais à la fin un peu de ce que je lui aurais coûté d'abord : d'ailleurs j'étais son neveu, et il voulait faire quelque chose pour sa famille.

Ce n'était pas, hélas! le collége que ma pauvre mère
avait si vivement ambitionné, mais c'était au moins un
moyen de m'empêcher d'être marin : je partis donc avec
mon oncle. Triste départ. Je pleurais, ma mère pleurait
plus fort que moi, et mon oncle, entre nous deux, nous
bousculait aussi rudement l'un que l'autre.

L'aspect de Dol, qui est assurément très-pittoresque
pour le voyageur, produisit sur moi la première impression
lugubre que j'aie reçu des choses. Il faisait nuit lorsque
nous arrivâmes, et il tombait une pluie glaciale. Partis le
matin de Port-Dieu dans une voiture de mareyeur qui
allait à Cancale, nous étions descendus à cinq ou six lieues
de la ville, et nous avions fait le chemin au travers de
grandes plaines marécageuses coupées çà et là de fossés
pleins d'eau; mon oncle marchait devant, je le suivais
difficilement, tout ému encore des adieux. Par-dessus
mon chagrin, j'avais une faim qui me brisait les jambes;
mais comme mon oncle, pendant cette longue journée,
n'avait point parlé de s'arrêter pour manger, je n'avais
pas osé en parler moi-même. Enfin nous aperçûmes les
lumières de la ville, et, après avoir tourné dans deux ou
trois rues désertes, mon oncle s'arrêta devant une haute
maison précédée d'un porche qui reposait sur de gros piliers. Il tira une clef et ouvrit une serrure; j'avançai pour
entrer, il m'arrêta; l'ouverture de la porte n'était pas
finie; il tira une seconde clef de sa poche, puis une troisième très-grosse; les pènes crièrent avec un bruit de
ferraille que j'ai retrouvé depuis au théâtre dans les pièces où il y a une prison, et la porte s'ouvrit. Ces trois
serrures me jetèrent dans une stupéfaction craintive;
chez nous il n'y avait qu'un loquet avec une ficelle, et
chez M. de Bihorel qu'une simple clanche. Pourquoi
donc mon oncle prenait-il toutes ces précautions?

Il referma la porte comme il l'avait ouverte; puis il me
dit de lui donner la main et me guida au milieu de l'obscurité à travers deux pièces qui me parurent très-gran-

des et dans lesquelles nos pas retentissaient sur les dalles de pierre comme dans une église; on y respirait une étrange odeur que je ne connaissais pas encore : celle des vieux parchemins et des papiers moisis, qui forme l'atmosphère des greffes et des études de gens d'affaires. La chandelle allumée, je vis que nous étions dans une espèce de cuisine, mais si encombré de buffets, de bahuts, de vieilles chaises en chêne noir, qu'on ne distinguait ni sa forme ni son étendue.

Malgré cet aspect peu agréable, j'eus un mouvement de joie : enfin nous allions pouvoir nous chauffer et manger.

— Voulez-vous que j'allume le feu? dis-je à mon oncle.

— Du feu !

Il me fit cette réponse d'une voix si raide que je n'osai pas dire que j'étais mouillé jusqu'aux os et que mes dents claquaient.

— Nous allons souper et nous coucher, dit-il.

Et, allant à une armoire, il prit une tourte de pain, en coupa deux tranches, mit sur chacune un petit morceau de fromage, m'en donna une, posa celle qu'il gardait pour lui sur une table, replaça le pain dans l'armoire et ferma celle-ci à clef.

Je ne sais pas quel effet ressent le prisonnier qui entend fermer sur lui la serrure de son cachot, mais ce ne doit pas être beaucoup plus désagréable que ce que j'éprouvai au grincement de la serrure de cette armoire. Il était bien évident qu'il ne fallait pas demander un second morceau de pain, et cependant j'en aurais bien mangé cinq ou six comme celui que mon oncle m'avait donné.

Au même moment, trois chats maigres se précipitèrent dans la cuisine et coururent se frotter aux jambes de mon oncle : cela me donna un peu d'espoir; ils venaient demander à souper, et, l'armoire ouverte, j'aurais

au moins une occasion de me faire couper un second
morceau de pain.

Mais mon oncle ne l'ouvrit pas.

— Les gaillards ont soif, dit-il, ne les laissons pas devenir enragés.

Et il leur donna de l'eau dans une jatte.

— Puisque te voilà maintenant de la maison, continua-
t-il, ne les laisse jamais manquer d'eau, je te charge de
cela.

— Et pour le manger?

— Il y a ici assez de rats et de souris pour les nourrir; si on les gorgeait de nourriture, ils deviendraient
paresseux.

Notre souper fut promptement achevé, et mon oncle
m'annonça qu'il allait me conduire à la chambre que
j'occuperais désormais.

Les encombrements que j'avais remarqués dans la cuisine se retrouvaient dans l'escalier; bien qu'il fût d'une
largeur extraordinaire, c'était à peine si l'on pouvait s'y
frayer un passage; sur les marches étaient déposés des
chenets en fer rouillé, des horloges, des statues en bois
et en pierre, des tournebroches, des vases de faïence,
des poteries aux formes bizarres, et toutes sortes de
meubles dont j'ignorais le nom et l'usage; aux murailles
étaient accrochés des cadres, des tableaux, des épées,
des casques, tout cela dans un fouillis qu'augmentait
encore pour moi la lueur incertaine de la petite chandelle qui nous éclairait. De quelle utilité tout cela pou-
vait-il être pour mon oncle?

C'était la question inquiète que je me posais sans y
trouver de réponse, car ce fut seulement plus tard que
je sus qu'à la profession d'huissier il en joignait une autre beaucoup plus lucrative.

En quittant le Port-Dieu encore tout enfant, il avait
été à Paris chez un commissaire-priseur, où il était resté
une vingtaine d'années, et d'où il n'était revenu que

pour acheter une étude à Dol. Mais en réalité l'étude n'était que l'accessoire, le commerce des vieux meubles et des antiquités de tout genre était le principal. Chargé par sa profession de presque toutes les ventes, en relation avec tout le monde, entrant dans toutes les maisons, il connaissait les bonnes occasions et était, mieux que personne, en situation d'en profiter. Sous le couvert d'un prête-nom, il achetait pour lui-même tout ce qui avait une valeur d'art ou de fantaisie, et le revendait avec un énorme bénéfice aux grands marchands de Paris avec lesquels il était en relation, les Vidalinq, les Monbro ; c'est ainsi que sa maison, depuis la cave jusqu'au grenier, était un véritable magasin d'antiquités.

Comme toutes les pièces de cette vieille maison, qui semblait avoir été bâtie pour des géants, la chambre où mon oncle me conduisit était immense, et cependant si bien remplie, qu'il dut me montrer le lit pour que je le visse : aux murailles, des tapisseries avec des personnages de grandeur naturelle ; au plafond, des animaux empaillés, un cormoran, un crocodile, la gueule rouge grande ouverte ; dans un angle, derrière un coffre qui cachait les jambes, une armure surmontée d'un casque comme si elle eût recouvert un guerrier vivant.

— As-tu peur? dit mon oncle en voyant mon effarement.

Je n'osai pas l'avouer et je répondis que j'avais froid.

— Eh bien, dépêche-toi, que j'emporte la lumière; ici l'on se couche sans chandelle.

Je me glissai dans le lit ; mais à peine avait-il fermé la porte que je le rappelai. Il revint.

L'armure avait tremblé avec un bruit de ferraille.

— Mon oncle, il y a un homme dans l'armure.

Il s'approcha de mon lit, et me regardant fixement :

— Tâche de ne jamais redire une pareille bêtise, ou tu auras affaire à moi.

Pendant plus d'une heure, je restai caché sous les draps

humides, tremblant de peur, de froid et de faim ; puis
enfin, à force de me gourmander moi-même, je retrouvai
un peu de courage, levai la tête et ouvris les yeux. Par
deux hautes fenêtres, la lumière de la lune tombait dans
la chambre et la divisait en trois compartiments : deux
clairs, un sombre. Il ventait au dehors, les vitres sonnaient dans leurs mailles de plomb, et de petits nuages
blancs voilaient de temps en temps la face de la lune. Je
tins longtemps mes yeux fixés vers elle, et je crois que
je l'aurais regardée toute la nuit, car il me semblait
qu'elle était pour moi ce qu'est un phare pour les marins
et que, tant qu'elle éclairerait, je ne serais pas perdu,
mais elle monta à l'horizon, et, sans que l'obscurité se
fît dans la chambre, elle disparut en haut de la fenêtre.
Je fermai les yeux ; mais il y avait dans chaque angle de
cette pièce, derrière chaque meuble, un aimant irrésistible qui tirait mes paupières et les relevait ; aussi, bien
que je ne le voulusse pas, je les ouvris. Au même instant
une rafale secoua la maison, les bois craquèrent ; de la
tapisserie qui remuait se détacha un homme rouge agi-
tant une épée, le crocodile se mit à danser au bout de sa
corde en ouvrant la gueule, et des ombres monstrueuses
coururent au plafond, tandis que le guerrier, que ce tapage éveillait, se secouait dans son armure. Je voulus
crier, étendre les bras, supplier le guerrier de me défendre contre l'homme rouge, je ne pus ni articuler un
son ni faire un mouvement, et me sentis mourir.

Quand je revins à moi, mon oncle me secouait par le
bras et il était grand jour. Mon premier regard fut pour
l'homme rouge ; il avait regagné la tapisserie immobile.

— Tu auras soin de t'éveiller seul et plus matin que ça
tous les jours, dit mon oncle ; maintenant dépêche-toi,
que je te mette au travail avant de sortir.

Mon oncle avait cette activité remuante qui ne se rencontre que chez les gens de petite taille, et, s'il avait reçu
la même dose d'énergie que tous les Kalbris, comme

chez lui cette énergie n'avait à mettre en mouvement qu'un corps microscopique, elle y faisait rage. Levé tous les jours à quatre heures, il descendait à son étude et y travaillait furieusement jusqu'au moment où les clients arrivaient, c'est-à-dire jusqu'à huit ou neuf heures. C'était ce travail de quatre ou cinq heures que j'avais à copier dans ma journée, car les actes des huissiers se font en double, un original et une copie.

A peine mon oncle fut-il parti, que j'abandonnai la tâche qu'il m'avait donnée, car, depuis que j'étais éveillé, je n'avais qu'une préoccupation, l'homme rouge de la tapisserie ; je sentais que si la nuit prochaine il se détachait encore de la muraille, j'en mourrais tout à fait : et quand je pensais à son visage menaçant et à son épée levée, la sueur me mouillait le front.

Je me mis à fureter dans la maison pour trouver un marteau et des clous : quand j'eus ce que je voulais, ce qui ne fut pas bien difficile, car mon oncle n'avait recours à personne pour mettre une pièce à un meuble qui lui arrivait en mauvais état, je remontai à ma chambre. J'allai droit à l'homme rouge ; il avait pris l'air le plus inoffensif du monde, et il restait parfaitement tranquille au milieu de la tapisserie. Je ne me laissai pas tromper à cette hypocrite tranquillité et, à grands coups de marteau, je lui clouai le bras à la muraille ; le guerrier essaya de s'agiter dans son armure, mais il faisait beau soleil, l'heure des fantômes était passée, je lui appliquai un bon coup de marteau sur sa cuirasse, et d'un geste je fis comprendre au crocodile qu'il n'avait qu'à se bien tenir s'il ne voulait pas être aussi exécuté.

Cela fait, et la conscience d'autant plus calme que j'avais résisté à un désir de vengeance qui me poussait à cogner un clou dans le cou de l'homme à l'épée, je redescendis à l'étude et achevai mon travail à temps pour la rentrée de mon oncle.

Il voulut bien se montrer satisfait et me dire que, toutes

les fois que j'aurais terminé ma tâche, je pourrais, comme
récréation, m'amuser à épousseter les meubles et à frotter avec une brosse et un chiffon de laine ceux qui étaient
en vieux chêne.

Quel changement entre cette vie nouvelle et la vie si
heureuse que j'avais chez M. de Bihorel !

Je me pliai cependant assez bien au travail continu de
quatorze heures par jour, qui me fut imposé, mais je ne
pus pas m'habituer du tout au régime nourricier de mon
oncle. La tourte de pain enfermée dans l'armoire n'était
point un accident, c'était la règle, et, à chaque repas,
je devais me contenter de la tranche que je trouvais sur
la table.

Le quatrième ou le cinquième jour, poussé par la faim,
je m'enhardis, et, au moment où l'armoire se refermait,
j'étendis la main ; mon geste fut si éloquent que mon
oncle comprit.

— Tu en voudrais une seconde tranche, dit-il en con-
tinuant de fermer la serrure, tu as bien fait de parler.
A partir de ce soir, je te donnerai une tourte exprès pour
toi qui t'appartiendra ; le jour où tu auras très-faim, tu
pourras en prendre tant que tu voudras.

J'eus envie de l'embrasser ; il continua :

— Seulement, tu t'arrangeras pour manger moins le
lendemain, de manière que ta tourte te fasse la semaine.
Il faut une règle dans la nourriture comme dans tout ; il
n'y a rien de trompeur comme l'appétit, et c'est à ton
âge qu'on a les yeux plus grands que le ventre. Trente-
huit décagrammes par jour est à peu près la quantité
qu'on donne dans les hospices ; ce sera ta portion, elle
suffit à des hommes, elle doit te suffire aussi, ou bien tu
serais un gourmand, ce que je ne supporterais pas.

Je ne fus pas plus tôt seul que je cherchai dans le dictionnaire ce que c'était qu'un décagramme : dix grammes,
ou deux gros, quarante-quatre grains. Cela ne me disait
rien aux yeux ni au ventre.

Je voulus en avoir le cœur net. Avant de partir, ma mère m'avait donné une pièce de quarante sous. J'allai chez le boulanger, qui demeurait en face, et lui demandai trente-huit décagrammes de pain; après de longues explications, il m'en pesa trois quarts de livre.

Une livre moins un quart par jour, c'était là les trente-huit décagrammes offerts si généreusement par mon oncle. En dix minutes, bien qu'une heure ne se fût pas écoulée depuis le déjeuner, j'eus dévoré le morceau. Aussi le soir, au souper, étais-je moins affamé.

— Je savais bien, dit mon oncle, en se méprenant sur la discrétion avec laquelle j'avais coupé un morceau à même ma tourte, que cela te retiendrait. Il en est de même en tout, vois-tu. Ce qui est à soi, on le ménage; ce qui est aux autres, on le gaspille. Quand tu commenceras à avoir de l'argent, tu verras que tu voudras le garder.

J'avais trente-cinq sous, je ne les gardai pas longtemps; en une quinzaine ils furent dépensés à me payer un supplément de vingt-cinq décagrammes de pain par jour.

Ma régularité à aller chercher ce supplément de pain, sitôt que mon oncle était sorti, m'avait fait faire connaissance avec la boulangère.

— Mon homme et moi nous ne savons pas écrire, me dit-elle précisément le jour où mon argent finissait, et nous sommes obligés de donner tous les samedis une note écrite à une de nos pratiques; si vous voulez nous la faire, je vous paierai votre travail avec deux gâteaux rassis que vous aurez le droit de choisir le lundi matin.

Vous jugez si j'acceptai avec empressement. Mais combien aux deux gâteaux j'aurais préféré une bonne livre de pain ! Cependant je n'osai jamais le dire, car la boulangère, bien qu'elle ne fournît pas mon oncle, — qui faisait venir notre pain de la campagne parce qu'il y

trouvait un sou d'économie, — paraissait le bien connaître, et j'avais honte pour lui d'avouer ma faim à quelqu'un qui précisément n'avait que trop de dispositions à
le mépriser.

Comment cette portion de pain qui suffit à un homme
ne me suffisait-elle pas? C'est que d'ordinaire dans les
hospices et dans les prisons on y ajoute du bouillon, de
la viande, des légumes, tandis que pour nous elle était
notre principale nourriture, le reste se réduisant à des
mets impossibles, dont le plus fortifiant était un hareng
saur, qui composait invariablement notre déjeuner;
quand mon oncle était là, nous le partagions à deux, ce
qui ne veut pas tout à fait dire en deux; quand il était
en tournée, j'avais ordre d'en garder la moitié pour le
lendemain.

Au reste, ce que j'ai souffert de la faim à cette époque,
un fait entre vingt le fera comprendre.

Derrière notre maison était une petite cour, séparée
par une haie de la propriété voisine. Cette propriété était
habitée par un monsieur Buhour, qui, n'ayant ni femme
ni enfants, avait la passion des bêtes. Parmi ces bêtes,
celle qui tenait la première place dans l'affection de son
maître était un magnifique chien des Pyrénées, à poil
blanc et à nez rose, qu'on appelait Pataud. Comme il était
mauvais pour la santé de Pataud d'habiter les apparte-
ments, on lui avait construit une belle maison rustique
qui était adossée à notre haie de séparation; et comme
il était également mauvais pour sa santé qu'il mangeât
à table avec son maître, parce que cela excitait sa gourmandise qui, satisfaite avec de la viande et des frian-
dises, pouvait lui donner une maladie de peau, on lui
servait deux fois par jour dans sa maison une belle terrine en porcelaine pleine de soupe au lait. Comme tous
les chiens au repos, Pataud avait un appétit paresseux ou
tout au moins capricieux, et, le plus souvent, s'il déjeu-
nait, il ne dînait pas, ou bien, s'il dînait, il ne se trouvait

pas en train pour déjeuner, de telle sorte que la terrine restait souvent intacte. A travers la haie, quand j'allais dans la cour, je voyais les morceaux de pain blanc nager dans le lait et Pataud qui dormait à côté. Il y avait un trou à cette haie, et Pataud s'en servait souvent pour venir dans notre cour; comme il avait une juste réputation de férocité, mon oncle le supportait sans se plaindre: c'était un gardien qui valait les plus solides serrures et qui avait l'avantage de ne rien coûter. Malgré cette férocité, nous fûmes bientôt les meilleurs amis du monde; et quand j'arrivais dans la cour, il accourait aussitôt pour jouer avec moi. Un jour qu'il avait emporté ma casquette dans sa niche et qu'il ne voulait pas me la rapporter, je m'enhardis jusqu'à l'aller chercher et à passer par son trou. La terrine était à sa place ordinaire et pleine jusqu'au bord d'un bon lait crémeux. C'était un samedi soir; de ma tourte, que je n'avais pas assez ménagée durant toute la semaine, il ne m'était pas resté pour mon dîner un croûton plus gros qu'une pomme; j'avais une faim qui me tordait l'estomac; je me jetai à genoux et bus à pleines lèvres à même la terrine, tandis que Pataud me regardait en remuant la queue. Brave bête! ce fut mon seul ami, mon seul camarade pendant ces temps durs; de son beau mufle rose, il venait me lécher quand je me faufilais le soir pour prendre ma part de son souper; à chaque instant il m'allongeait une patte caressante, et de ses grands yeux mouillés il me regardait; une entente étrange s'était établie entre nous : bien certainement il avait conscience de sa protection et bien certainement aussi il en était heureux.

A quoi tient la vie? Pataud me serait toujours resté, que très-probablement je ne me serais pas lancé dans les aventures dont j'ai entrepris le récit; mais la saison arriva où son maître avait coutume de s'établir à la campagne. Il l'emmena avec lui, et moi je me trouvai seul, n'ayant plus que la compagnie de mon oncle, qui m'é-

gayait peu le cœur, et ma portion réglementaire, qui
m'emplissait peu l'estomac.

Ce furent de tristes journées; j'avais assez souvent de
longues heures inoccupées et, seul dans cette sombre
étude, je pensais à la maison maternelle. J'aurais bien
voulu alors écrire à ma pauvre maman, mais une lettre
de Dol au Port-Dieu coûtait six sous, et comme je savais
bien qu'elle ne gagnait que dix sous par jour, je n'osais
mettre à la poste toutes celles que j'écrivais. Nous en
étions réduits à nous embrasser par l'entremise d'un mareyeur qui venait les jours de marché.

Le supplément de nourriture que j'avais trouvé chez
Pataud m'avait, en ces derniers temps, rendu assez indifférent à l'exiguïté de ma portion réglementaire; quand
je n'eus plus qu'elle, il me sembla qu'il y avait des jours
où elle était plus réduite encore qu'à l'ordinaire. Tandis
que la tourte de mon oncle était sous clef, la mienne
était dans une armoire qui ne fermait pas, mais puisqu'il
n'entrait jamais personne à la maison, cela me paraissait
n'avoir aucune importance. Après quelques jours d'observation, il me fallut reconnaître que je me trompais : au
moment même où mon oncle était en train de couper
une tranche de mon pain, j'ouvris la porte derrière laquelle j'étais caché.

L'indignation me donna un courage dont je ne me
croyais pas capable.

— Mais, mon oncle, c'est ma tourte! m'écriai-je.

— Crois-tu pas que c'est pour moi, me dit-il tranquillement : c'est pour la chatte blanche; elle a des petits,
et tu ne voudrais pas la laisser mourir de faim, n'est-ce
pas? Il faut être bon pour les animaux, ne l'oublie jamais.

Je n'avais aucune affection pour mon oncle; j'eus désormais pour lui du mépris et de la répulsion : hypocrite,
voleur, lâche et méchant, je fus humilié d'être son neveu.

Au fond, il était, avant tout, avare, âpre au gain, prodigue de sa peine, indifférent aux privations, sensible au seul argent, inquiet et malheureux de ce qu'il faudrait dépenser le lendemain, inconsolable de ce qu'il avait dépensé la veille.

Aujourd'hui le souvenir de son avarice me fait rire, mais alors j'éprouvais cette indignation de la jeunesse qui fait qu'on prend par le côté tragique les mêmes choses que, plus tard, on est tout disposé à prendre par le côté comique.

Il était, comme vous le pensez, l'homme le moins soucieux de sa toilette qui fût au monde; aussi je fus très-surpris de le voir un matin se faire des mines devant un grand miroir déposé dans le vestibule; il posait son chapeau sur sa tête, il se regardait; il le retirait, puis, après l'avoir brossé, il le remettait et se regardait encore. Ce qu'il y avait d'étrange, c'est qu'il brossait le haut de ce chapeau dans le bon sens et le bas à contre-poil, si bien qu'une moitié était lisse et l'autre hérissée. Je crus qu'il devenait fou, car il avait habituellement pour ce chapeau des soins de tous les instants, à ce point que, lorsqu'il faisait chaud, il ne le posait sur sa tête qu'après s'être entouré les cheveux d'une bande de vieux papier destinée à absorber la sueur; cette bande remplissait quelquefois si bien cet office qu'elle se détrempait et adhérait au crâne : alors, quand il retirait son chapeau pour saluer, elle lui faisait une couronne extrêmement drôlatique qui provoquait un rire irrésistible même chez ceux qui le connaissaient, c'est-à-dire qui le craignaient.

— Viens ici, dit-il en voyant que je le suivais des yeux, et regarde-moi bien; que penses-tu de mon chapeau?

J'en pensais toutes sortes de choses, mais ce n'était pas le moment de les lui dire : je risquai cette réponse :

— Je pense qu'il est bien conservé.

— Ce n'est pas ça que je te demande. A-t-il l'air d'être

en deuil, la partie hérissée imite-t-elle bien un crêpe?
Notre frère Jérôme, de Cancale, vient de mourir, il faut
que j'aille à l'enterrement; c'est bien assez des frais du
voyage sans faire encore la dépense d'un crêpe, qui ne
me servirait qu'une fois, car je ne vais pas être assez
bête pour porter le deuil d'un maladroit qui ne laisse que
des dettes.

Jamais éclat de rire ne fut si brusquement arrêté que
le mien. Je ne connaissais pas celui de mes oncles qui venait de mourir, je savais seulement qu'il avait toujours
été malheureux, qu'il était d'un an plus âgé que mon
oncle Simon, et qu'ainsi ils avaient été camarades jusqu'au moment où les nécessités de la vie les avaient séparés. Je retournai à mon travail dans une stupéfaction
hébétée; mes idées sur la famille furent singulièrement
atteintes : qu'était-ce donc que l'amitié fraternelle? qu'é-
tait-ce que le respect des morts?

Au reste, ces idées ne devaient point être les seules
qui, dans ce contact journalier, furent ébranlées, non
par des leçons directes, car mon oncle ne s'inquiétait
guère de m'en donner, soit de bonnes, soit de mauvaises,
mais par l'exemple et par ce que je voyais à chaque instant.

Les huissiers à la campagne sont les confidents ou les
témoins de toutes les misères : à cette profession mon
oncle joignant celle de banquier, ou même, pour ne pas
affaiblir la vérité, celle d'usurier, la collection de malheureux et de filous qui passait par son étude se trouvait singulièrement complète. Nous travaillions à la même
table, l'un en face de l'autre; j'assistais ainsi à tous ses
entretiens avec ses clients, et il fallait qu'il s'agît d'affaires bien graves pour qu'il m'éloignât en me faisant faire
une course. Jamais je ne l'ai vu céder à une prière ni
retarder ou abandonner une poursuite; aux larmes, aux
supplications, aux raisons les plus touchantes, il restait
aussi indifférent que s'il eût été sourd. Puis, quand il

commençait à s'ennuyer, il tirait sa montre et la posait sur son bureau.

— Je n'ai pas plus les moyens de perdre mon temps que mon client n'a ceux de perdre son argent, disait-il; si vous avez encore quelque chose à dire, je suis à votre disposition, seulement je vous préviens que c'est quatre francs l'heure. Il est midi quinze minutes, allez.

Les pauvres femmes qui pleuraient et suppliaient, les hommes que j'ai vus se traîner à genoux en demandant du temps pour payer, un mois, huit jours, quelques heures, ce serait trop long à vous raconter, et ce que je vous en dis, c'est seulement pour vous faire comprendre les sentiments que j'éprouvais pour mon oncle. Mais si je pouvais sentir tout ce qu'il y avait en lui de dureté impitoyable, et m'attendrir sur le sort de ses victimes, j'étais heureusement par mon âge tout à fait incapable de comprendre ce qu'il apportait dans les affaires d'habileté, d'adresse et de rouerie, pour ne pas dire un autre mot; la première fois que je m'en aperçus, parce que la chose crevait les yeux, je le payai cher, comme vous allez le voir.

Il avait acheté une ancienne propriété seigneuriale qu'il remaniait de fond en comble afin de la mettre en bon rapport, et tous les samedis nous avions toujours des ouvriers et des entrepreneurs qui venaient se faire payer.

Un samedi, je vis arriver le maître maçon : il parut surpris de me trouver seul, parce que mon oncle, me dit-il, lui avait donné rendez-vous pour régler son compte.

Il s'assit et attendit.

Une heure, deux heures, quatre heures se passèrent, mon oncle n'arrivait pas. Et le maître maçon ne partait pas. Enfin, à huit heures du soir, il arriva.

— Tiens! dit-il, c'est vous, maître Rafarin. Bien fâché; mais les affaires, vous savez.

4.

Mon oncle avait une manière que j'ai vue depuis employée par quelques gens d'affaires qui veulent se donner de l'importance et qui se donnent tout simplement un ridicule. Au lieu de répondre à Rafarin, il m'interrogea sur ce qui s'était passé dans la journée, lut les lettres qui étaient arrivées, parcourut les pièces de procédure, regarda ce que j'avais fait, puis, quand il eut donné une bonne demi-heure à cette inspection, se tournant enfin vers le maître maçon qui attendait toujours :

— Eh bien, mon cher, que voulez-vous?

— Vous m'aviez promis de me régler mon mémoire.

— C'est vrai, mais bien fâché, pas d'argent.

— C'est demain ma paye, j'ai en plus un billet de mille francs à acquitter chez votre confrère, qui me poursuit. Voilà six mois que vous me promettez; aujourd'hui je comptais sur votre parole.

— Parole! quelle parole? interrompit mon oncle. Vous ai-je dit : Je vous donne ma parole d'honneur de vous payer samedi? Non, n'est-ce pas? Alors cette parole que vous invoquez, c'était une parole en l'air : venez samedi, je vous payerai. Voyez-vous, maître Rafarin, il y a parole et parole; il ne faut pas oublier ça.

— Je ne savais pas; excusez-moi, je ne suis qu'un pauvre homme; moi, quand j'ai dit : Je paierai samedi, je paye.

— Et si vous ne pouvez pas?

— Quand j'ai promis, je peux, et c'est pour ça que je vous tourmente; votre confrère a ma parole; si j'y manque, il va me poursuivre.

Rafarin se mit alors à expliquer sa position : il avait pris des engagements, comptant sur ceux de mon oncle; s'il ne payait pas le lendemain, l'huissier viendrait le saisir le lundi; sa femme était mourante, cela la tuerait. A tout, mon oncle se bornait à répondre :

— Pas d'argent, mon cher, pas d'argent; vous ne voulez pas que j'en vole pour vous en donner; si vous m'assignez, c'est un procès, et alors vous ne serez pas payé avant un an.

Quatre ou cinq jours auparavant, assistant à un entretien entre l'autre huissier et mon oncle, j'avais entendu celui-ci recommander à son confrère de mener les choses à la dernière extrémité; sans deviner toute la vérité, que je ne compris que plus tard, et qui était que mon oncle était le véritable créancier, cela me parut étrange : il me sembla que je devais, au risque d'être désagréable à mon oncle, servir le pauvre maçon; je résolus donc d'intervenir coûte que coûte. Au moment où mon oncle répétait pour la dixième fois : « Si j'avais de l'argent, je vous en donnerais, » je dis à haute voix :

— J'en ai reçu, de l'argent.

J'avais à peine achevé le dernier mot que par-dessous la table je reçus dans les jambes un si violent coup de pied que je basculai sur ma chaise et tombai en avant le nez sur le pupitre.

— Qu'as-tu donc, mon petit Romain? dit mon oncle en se levant.

Il s'approcha de moi, et, me pinçant le bras jusqu'au sang :

— Est-il maladroit, ce petit niais-là! dit-il en se tournant vers Rafarin.

Celui-ci, qui n'avait pas vu le coup de pied et qui n'avait pas senti le pinçon, nous regardait étonné; mais croyant que mon oncle cherchait une feinte pour détourner l'entretien il revint au sujet qui le tourmentait.

— Puisque vous avez l'argent... dit-il.

Mon exaspération était à son comble.

— Le voici, dis-je en tirant les billets de banque du tiroir où ils étaient enfermés.

Tous deux en même temps étendirent la main, mais mon oncle, plus prompt, saisit la liasse.

— Écoutez, Rafarin, dit-il après un moment de silence, je veux faire pour vous tout ce qui m'est possible, et vous prouver qu'on ne parle pas inutilement à mes sentiments de loyauté et de générosité, comme il y en a qui le prétendent. Voilà trois mille francs que je ne devais recevoir que demain pour les employer aussitôt à payer une dette sacrée, qui peut me déshonorer si je ne la paye pas, et je ne la paierai pas, car d'ici à demain je ne pourrai pas retrouver cette somme. Pourtant je vais vous les donner. Tenez, acquittez-moi, pour solde, votre mémoire, et ils sont à vous.

Je croyais que Rafarin allait sauter au cou de mon oncle qui, décidément, n'était pas si méchant qu'on le pouvait croire ; il n'en fut rien.

— Mon mémoire ! s'écria-t-il ; mais il est de plus de quatre mille francs.

— Eh bien !

— Et c'est vous-même qui l'avez réduit à ce chiffre en me rognant sur tout. Ah ! monsieur Kalbris !

— Vous ne voulez pas de ces trois mille francs? Mes remerciements, mon cher, ils me rendront service : ce que j'en faisais, c'était pour vous obliger.

Rafarin recommença ses explications, ses supplications ; puis enfin, voyant l'impassibilité de mon oncle, il prit le mémoire et l'acquittant :

— Les billets ! dit-il d'une voix sourde.

— Voilà, répondit mon oncle.

Alors le maître maçon se levant et posant son chapeau sur sa tête :

— Monsieur Kalbris, dit-il, j'aime mieux une pauvreté comme la mienne qu'une richesse comme la vôtre.

Mon oncle pâlit et je vis ses lèvres frémir ; mais il se remit aussitôt et d'une voix presque riante :

— Affaire de goût, fit-il.

Puis, toujours souriant, il conduisit Rafarin jusqu'à la porte exactement comme il eût fait pour un ami.

A peine l'eut-il poussée sur le dos du maître maçon que l'expression de son visage changea, et avant d'avoir pu me demander ce qui allait se passer, je reçus un terrible soufflet qui m'enleva de ma chaise et me jeta à terre.

— Maintenant à nous deux, dit-il. Je suis sûr que tu as parlé de cet argent, sachant bien ce que tu faisais, mauvais garnement.

Le coup m'avait fait cruellement mal, il ne m'avait pas étourdi; je ne pensais qu'à me venger.

— C'est vrai, dis-je.

Il voulut s'élancer sur moi; mais j'avais prévu cette nouvelle attaque; je me jetai à terre, et, passant sous la table, je la mis entre nous deux.

En voyant que je lui échappais, sa fureur s'exaspéra encore, il saisit un gros Code in-4° qu'on appelait un Paillet, et me le lança si rudement que j'allai rouler à terre.

Dans ma chute, ma tête porta contre un angle, je ressentis comme un engourdissement général et ne pus pas me relever tout de suite.

Je fus obligé de me soutenir à la muraille; j'étais inondé de sang, et mon oncle me regardait sans faire un mouvement pour me secourir.

— Va te laver, mauvais gueux, dit-il, et souviens-toi de ce que tu as gagné à te mêler de mes affaires; si tu recommences jamais, je te tue.

— Je veux m'en aller.

— Où ça?

— Chez maman.

— Vraiment! Eh bien, tu ne t'en iras pas, attendu que tu m'appartiens pour cinq ans et que je veux te garder. Je veux aller chez maman, maman, maman : grand niais!

VII

J'étais depuis longtemps tourmenté d'une idée qui me
revenait toutes les fois que j'avais faim ou que mon oncle
m'avait trop rudement secoué, c'est-à-dire tous les jours ;
c'était de m'échapper de Dol et de m'en aller au Havre
m'embarquer. Pendant les heures d'absence de mon oncle, je m'étais bien souvent amusé à me tracer mon itinéraire sur une grande carte de la Normandie qui était
accrochée dans l'escalier ; à défaut de compas, je m'en
étais fabriqué un en bois, et j'avais mesuré les distances
comme M. de Bihorel m'avait appris à le faire. De Dol,
en passant par Pontorson, j'irais coucher à Avranches ;
d'Avranches j'irais à Villedieu, Villers-Bocage, Caen, Do-
zulé, Pont-l'Évêque, Honfleur. C'était huit jours de marche au plus ; le pain coûtait alors trois sous la livre ; si je
pouvais amasser vingt-quatre sous, vingt sous seulement,
j'étais sûr de ne pas mourir de faim en chemin. Mais
comment réunir ce capital de vingt sous ? Je m'étais toujours arrêté devant cette impossibilité.

Le Paillot me la fit franchir. Enfermé dans ma chambre, après m'être lavé la tête sous la pompe et avoir arrêté le sang tant bien que mal, je ne vis plus les difficultés
de mon projet. Les mûres commençaient à noircir dans
les fossés, le long des bois ; il y avait des œufs dans les
nids des oiseaux ; on trouve quelquefois des sous perdus
dans la poussière, et puis pourquoi n'aurais-je pas la
chance de rencontrer quelque roulier qui me laisserait
monter sur sa voiture et me donnerait un morceau de
pain pour me payer d'avoir conduit ses chevaux pendant
qu'il dormirait ? Cela n'était pas impossible, on l'avait vu.
Au Havre, je ne doutais pas que tous les capitaines ne me
prissent comme mousse ; une fois en mer, bon voyage,
j'étais marin : quand je reviendrais, j'irais au Port-Dieu,

ma mère m'embrasserait et je lui donnerais ma paye. Si nous faisions naufrage, eh bien! tant mieux : une île déserte, des sauvages, un perroquet! O Robinson!

Je ne sentais plus ma blessure à la tête et j'oubliais que je n'avais pas dîné.

Tous les dimanches, dès le point du jour, mon oncle s'en allait à sa nouvelle propriété, d'où il ne revenait que le soir tard ; si bien que du samedi où nous étions jusqu'au lundi matin, j'avais la certitude de ne pas le voir, et en me sauvant immédiatement, je pouvais prendre trente-six heures d'avance ; seulement, pour cela, il fallait sortir malgré les verrous et les portes, et c'était impossible. Je décidai donc que je sauterais du premier étage dans la cour et que je passerais par le trou de Pataud ; une fois dans le jardin de M. Buhour, je gagnerais facilement les champs.

C'était dans mon lit que je discutais et réglais mon plan, attendant pour l'exécuter que mon oncle fût couché et endormi.

Bientôt je l'entendis entrer dans sa chambre, puis presque aussitôt en sortir, et il me sembla qu'il montait l'escalier du second étage avec la précaution de ne pas faire du bruit. Se doutait-il de mon projet et voulait-il m'observer? Il poussa doucement ma porte. Le nez tourné du côté du mur, je ne le vis pas entrer, mais je vis sur ce mur l'ombre tremblotante de sa main qu'il tenait devant sa chandelle pour briser sa lumière. Il s'avança à petits pas vers mon lit.

Je feignis de dormir profondément. Je sentis qu'il se penchait sur moi, qu'il approchait la lumière de ma tête, et que du bout des doigts il écartait les cheveux qui cachaient ma blessure.

— Allons, dit-il à demi-voix, ce ne sera rien.

Et il s'éloigna comme il était venu.

Une pareille démarche, et cette marque d'intérêt, la veille, eussent peut-être changé mes idées ; mais il était trop tard : j'avais en imagination senti l'odeur de la mer et du goudron, j'avais entr'ouvert les portes mystérieuses de l'inconnu.

Une heure après le départ de mon oncle, quand je pensai qu'il était bien endormi, je me levai et commençai mes préparatifs ; c'est-à-dire que je nouai dans un mouchoir deux chemises et des bas. J'hésitai un moment si j'endosserais mes vêtements de première communion, qui, me semblait-il, devaient me faire honneur ; heureusement, une lueur de bon sens l'emportant, je me décidai pour une bonne veste et un pantalon en gros drap de matelot ; puis, mes souliers à la main pour ne pas faire de bruit, je sortis de ma chambre.

A peine la porte était-elle refermée qu'une idée saugrenue me passa par l'esprit. Je rentrai. Sans qu'il y eût clair de lune, la nuit n'était pas sombre, et mes yeux habitués à l'obscurité distinguaient les objets. Je mis tant bien que mal une chaise en équilibre sur mon lit, et, en grimpant dessus, je pus atteindre jusqu'au crocodile suspendu au plafond ; avec mon couteau je coupai la corde qui le retenait, je le descendis dans mes bras, le couchai tout de son long dans mon lit et lui rabattis le drap pardessus la tête.

En me représentant la figure que ferait mon oncle, le lundi matin, quand il trouverait le crocodile à ma place, je me mis à rire comme un fou, et je recommençai de plus belle quand l'idée me vint qu'il penserait peut-être que j'avais été mangé.

Cette plaisanterie fut toute ma vengeance.

Il est étonnant comme quatre murailles et un toit au-dessus de la tête donnent de l'assurance ; quand je me trouvai dans le jardin de M. Buhour après avoir heureusement dégringolé par la fenêtre en m'accrochant au mur, je n'avais plus du tout envie de rire. Je regardai avec inquiétude autour de moi : les arbustes dans la nuit avaient des formes étranges ; entre les massifs il y avait de grands

trous noirs dont j'aurais bien voulu détourner les yeux ;
une légère brise passa dans les branches, et les feuilles
bruirent avec des gémissements ; sans savoir ce que je
faisais, je me jetai dans la niche de Pataud. Pauvre Pataud ! s'il avait été là, je ne serais peut-être pas parti.

J'avais toujours cru que j'étais brave ; en reconnais-
sant que les jambes me manquaient et que mes dents
claquaient, j'eus un mouvement de honte. Mais je me
roidis contre cette émotion ; si j'avais déjà peur, il fallait
rentrer chez mon oncle. Je sortis de la niche et je marchai droit à un arbre qui, avec ses grands bras étendus,
avait semblé me dire : Tu n'iras pas plus loin ; il ne bougea pas ; seulement des oiseaux qui dormaient dans son
feuillage s'envolèrent en criant. Je faisais peur aux autres, cela me donna du courage.

Je lançai mon paquet par-dessus le mur qui séparait
le jardin de la campagne, et, en m'aidant de l'espalier,
je montai sur le chaperon. Aussi loin que mes yeux pouvaient voir, je regardai dans la plaine ; elle était déserte,
on n'entendait aucun bruit ; je me laissai glisser.

Je courus plus d'une heure sans m'arrêter, car je sen
tais bien que, si je me donnais le temps de regarder autour de moi, je mourrais de peur. A la fin, la respiration
me manqua ; j'étais alors au milieu des prairies traver-
sées par la digue qui verse l'eau des marais à la mer ;
c'était la saison des foins, et à travers une vapeur blanche je voyais les mulons qui bordaient le chemin. Sans
ralentir ma course, j'abandonnai la grande route, et, des-
cendant dans la prairie, je me blottis sous le foin. J'avais
la certitude d'être à plus de deux lieues de la ville, je me
croyais au bout du monde : je pouvais respirer.

Brisé d'émotions, étourdi par ma blessure, affaibli par
la faim, la fatigue me coucha sur le foin, qui avait gardé
la chaleur du soleil, et je m'endormis, bercé par le coas-
sement de milliers de grenouilles, qui, dans les fossés des
marais, faisaient un assourdissant tapage.

Le froid me réveilla, le froid humide du matin que je ne connaissais pas encore, et qui vous pénètre jusqu'au cœur; les étoiles pâlissaient; de grandes raies blanches coupaient les profondeurs bleuâtres de la nuit, et, sur la prairie, se traînait un brouillard vaporeux qui tourbillonnait comme des colonnes de fumée. Mes vêtements étaient aussi mouillés que s'ils eussent reçu une ondée, et je frissonnais par tout le corps, car, si le foin m'avait transmis sa chaleur d'un côté, la rosée m'avait, de l'autre, imbibé de sa fraîcheur.

Mais, plus pénible que ce frisson, j'éprouvais un vague sentiment de malaise. Au soir, les tristesses mélancoliques du cœur; au matin, les inquiétudes et les angoisses de la conscience, qui, pendant le sommeil du corps, s'éveille et parle. Le naufrage, l'île déserte, ne m'apparaissaient plus aussi agréables que la veille. Je ne reviendrais donc plus jamais au pays! je ne reverrais donc plus jamais maman! Mes yeux s'emplirent de larmes, et, malgré le froid, je restai immobile, assis sur le foin, la tête entre mes mains.

Quand je la relevai, mes projets étaient changés; j'irais tout de suite au Port-Dieu, et je ne partirais pour le Havre qu'après avoir revu ma mère. En arrivant le soir, je pouvais me cacher dans le rouf, et repartir le matin sans qu'on se doutât que j'étais venu. Au moins, j'emporterais ce souvenir, et, si c'était une faute de l'abandonner ainsi, il me sembla qu'elle serait moins grave.

Je repris mon paquet. J'avais au moins douze lieues à faire, il ne fallait pas perdre de temps; le jour allait bientôt venir, déjà au loin on entendait des cris d'oiseaux.

Cela me fit du bien de marcher; je me sentis moins triste, moins alourdi: la teinte rose qui montait au ciel du côté de l'Orient montait aussi en moi, et, pour mes idées comme pour tout ce qui m'entourait, les exagérations monstrueuses de l'ombre se dissipaient sous la lumière.

Le brouillard qui flottait dans l'atmosphère se ramassa au-dessus du grand fossé de la digue, ne laissant émerger de ses flots cotonneux que quelques vieux têtards de saule qui les déchiraient. La lueur qui éclairait le levant jaunit, rougit, puis monta tout le long du ciel jusqu'au-dessus de ma tête ; une petite brise passa dans les arbres en secouant la rosée de la nuit ; les herbes, les fleurs se redressèrent ; une fumée transparente s'éleva légère et rapide ; il faisait jour. Avec M. de Bihorel, j'avais vu bien souvent le soleil se lever, je ne l'avais jamais regardé ; mais comme si, par mon émancipation, j'étais devenu un des maîtres de la terre, je daignai prendre du plaisir à ce spectacle.

Ce maître, cependant, ne tarda pas à trouver que, si la nature avait des attentions pour ses yeux, elle en avait peu pour son estomac : des fleurs partout, des fruits nulle part ; j'avais peut-être eu tort de compter sur le hasard pour me nourrir.

Après avoir marché plusieurs heures, cette inquiétude devint une certitude. Dans les champs, rien, absolument rien qui se pût manger ; au contraire, dans les villages que je traversais, des apprêts pour le dimanche ; sur les tables des auberges des quartiers de viande, à la devanture des boulangers des gros pains, des galettes dorées qui exhalaient encore la bonne odeur du beurre chaud. Quand je les regardais, ma bouche s'emplissait d'eau et l'estomac me montait aux lèvres.

Quand un créancier malheureux se plaignait à mon oncle de mourir de faim, celui-ci ne manquait jamais de lui répondre : « Serrez-vous le ventre. » J'eus la naïveté d'essayer de ce moyen ; mais il est probable que ceux qui l'indiquent si généreusement n'en ont jamais usé, car, la boucle de mon gilet bien sanglée, je respirai avec peine, j'eus beaucoup plus chaud, je n'eus pas moins faim.

Je crus que, si je ne pensais pas toujours à cette terrible

faim, je souffrirais moins, et je me mis à chanter : les gens qui passaient endimanchés sur la route regardaient avec étonnement cet enfant qui cheminait doucement, son paquet à la main, en criant à tue-tête.

Les chansons ne me réussirent pas longtemps, ma gorge se dessécha, et à la faim s'ajouta la soif : ce besoin était facile à satisfaire, je coupais assez souvent de petites rivières qui couraient à la mer. Je choisis une place bien propre, je me mis à genoux, j'enfonçai mon menton dans l'eau et je bus tant que je pus, pensant à tort que, pourvu que mon estomac fût plein, liquide ou solide, peu importait ; je me souvenais que pendant une fièvre de quatre ou cinq jours j'étais resté sans manger ; j'avais bu seulement et je n'avais pas eu faim.

Un quart d'heure après, j'étais inondé de sueur, c'était l'eau qui, sous les rayons du soleil, produisait son effet. Une grande lassitude me prit, le cœur me manqua, et j'eus peine à gagner un arbre pour m'asseoir à son ombre. Jamais je ne m'étais senti si faible ; les oreilles me tintaient, je voyais les objets en rouge ; j'étais tout près d'un village pourtant, et j'entendais les cloches sonner la messe ; mais de quel secours pouvait m'être ce voisinage des hommes ? je n'avais pas un sou pour entrer chez le boulanger.

Il fallait marcher ; déjà des paysans qui passaient pour aller à la messe m'avaient regardé en se parlant entre eux ; et on allait m'arrêter comme vagabond, il faudrait dire où j'allais, d'où je venais ; on me reconduirait chez mon oncle. Cette idée me terrifia.

Aussitôt que le repos et la fraîcheur m'eurent rendu un peu de force, je me remis en route ; les cailloux étaient bien durs, mes jambes bien raides, le soleil était dévorant.

Je compris que, si je voulais marcher comme je l'avais fait depuis le matin, je ne manquerais pas de tomber épuisé sans pouvoir me relever ; je résolus donc de ne jamais faire plus d'une demi-lieue sans me reposer, et, toutes les fois que le cœur me tournerait, de m'asseoir sans persister davantage.

Tout en piétinant, il y avait trois vers que j'avais appris naguère chez M. de Bihorel qui me revenaient à la mémoire si obstinément qu'ils étaient une fatigue et un agacement :

> Dieu laissa-t-il jamais ses enfants au besoin ?
> Aux petits des oiseaux il donne leur pâture,
> Et sa bonté s'étend sur toute la nature.

Il me semblait que je ne pouvais pas être, aux yeux de Dieu, moins que les oiseaux qui voltigeaient de branche en branche avec de petits cris joyeux.

Depuis longtemps je répétais machinalement ces vers qui m'étaient une musique, une sorte de marche plutôt qu'une espérance, lorsque j'entrai dans un bois, le premier que j'eusse encore trouvé. Tout à coup mes yeux furent attirés, sur le talus couronné de genêts jaunes, par de petits points rouges qui brillaient dans l'herbe : des fraises, c'étaient des fraises! Je ne sentis plus ma fatigue; et d'un bond je franchis le fossé; le revers était chargé de fruits comme l'eût été une planche de jardin; sous bois et dans les clairières il y en avait par milliers qui formaient un tapis rouge. J'en ai mangé depuis de plus belles et de plus grosses, jamais de meilleures : c'était de la force, de la gaieté, de l'espérance. Décidément on pouvait aller au bout du monde : ˗

> Dieu laissa-t-il jamais ses enfants au besoin?

Les fraises des bois ne se cueillent pas vite; il faut aller de ci de là et se baisser à chaque fruit. Ma faim un peu calmée, sinon assouvie, je voulus faire ma provision pour la route. Je me disais que, si j'en avais assez, je pourrais peut-être les échanger contre un morceau de pain.

Un morceau de pain, c'était mon rêve! Mais l'heure me pressait; il était plus de midi, j'avais encore cinq ou six lieues avant d'arriver au Port-Dieu; et je sentais, à mes jambes, que ce seraient les plus longues et les plus lentes. Je ne pus donc pas emplir mon mouchoir garni de feuilles de frêne, autant que je l'aurais voulu, et je revins sur le grand chemin, plus dispos et plus courageux que lorsque je l'avais quitté.

La lassitude ne tarda pas à me prendre, et au lieu de faire une demi-lieue d'une seule traite, je me reposai à tous les kilomètres, m'asseyant sur la borne même. Il faut croire que cette lassitude était visible, car, pendant que j'étais ainsi assis dans une côte, je fus rejoint par un mareyeur qui marchait à pied devant ses chevaux. Il s'arrêta devant moi en me regardant.

— Voilà un jeune homme qui est fatigué, pas vrai? dit-il.

— Un peu, monsieur.

— Ça se voit. Vous allez loin comme ça?

— Encore cinq lieues.

— Si c'est du côté du Port-Dieu, j'y vas; et je peux vous y porter.

Le moment était décisif; je ramassai ce que j'avais de force et de courage.

— Je n'ai pas d'argent, dis-je, mais si vous voulez des fraises pour le paiement, en voilà que je viens de cueillir.

Et j'ouvris mon mouchoir.

— Tiens, elles sentent bon. Alors, mon petit, tu n'as pas le sou, dit-il en changeant de ton et en cessant de me traiter en monsieur, eh bien! monte tout de même; tu as l'air trop fatigué; tu vendras tes fraises à l'auberge du Beau-Moulin, et tu me paieras la goutte avec l'argent de ton marché.

- Mes pauvres fraises, on m'en donna six sous à l'au-

berge du Beau-Moulin, et encore parce que mon ami le
mareyeur déclara en criant très-fort que c'était un vol
de me les payer moins.

— Maintenant, dit-il, quand le marché fut conclu, deux
gouttes.

Je n'étais pas dans des conditions à faire le timide.

— J'aimerais mieux un morceau de pain, dis-je, si
vous voulez.

— Allons donc, bois toujours; si tu as faim, tu prendras ta part en pain dans la tournée que je paie.

Ma part, en pain ! je ne le me fis pas dire deux fois, je
vous prie de le croire.

Au lieu d'arriver au Port-Dieu le soir comme je l'avais
cru, j'y arrivai avant quatre heures, c'est-à-dire au moment où, ma mère étant aux vêpres, je pouvais entrer à
la maison sans que personne me vît, et prendre tout mon
temps pour m'installer dans le rouf où ma mère n'entrait
presque jamais. Je le retrouvai tel que je l'avais laissé,
tel qu'il était depuis la mort de mon père : plein de ses
filets et de ses appareils de pêche. Desséchés comme de
vieilles toiles d'araignée, ils gardaient encore l'odeur du
tan et du goudron. Je commençai par les baiser, ces
filets, puis j'en pris une brassée, et m'en fis un lit pour
la nuit. Cet arrangement terminé, après avoir disposé la
lucarne qui ouvrait sur la cuisine de façon à voir sans
être vu, j'attendis.

J'avais compté sans la fatigue ; à peine assis, je m'endormis, et ce fut un bruit de voix qui me réveilla, longtemps après sans doute, puisqu'il faisait nuit. Baissée
devant la cheminée, ma mère soufflait sur trois tisons en
faisceau. Auprès d'elle une de mes tantes se tenait épau-
lée contre la muraille.

— Alors, disait celle-ci, tu iras dimanche.

— Oui, je m'ennuie trop, et puis je veux voir de mes
yeux comment il est; il ne se plaint pas dans ses lettres,
mais il me semble qu'il est chagrin.

— Tu diras ce que tu voudras, à ta place je ne l'aurais pas donné au frère Simon.

— Fallait-il donc le laisser à la mer ?

— Eh bien ! après ?

— Après ! où est ton fils aîné ? où sont nos frères Fortuné, Maxime ? où est mon pauvre cher homme ? où est le mari de Françoise ? Regarde donc autour de nous ceux qui manquent. Oh ! la mer !

— J'en aurais encore moins peur que de Simon ; ce n'est pas un homme, c'est un tas d'argent.

— C'est bien là ce qui m'empêche de dormir, pas tant pour ce que le pauvre petit peut endurer en ce moment que pour ce qu'il peut devenir près d'un homme pareil ; es frères Leheu parlaient de lui l'autre jour ; il paraît qu'il est riche de plus de trois cent mille francs ; ce n'est pas honnêtement qu'on peut gagner une si grosse fortune dans son état. Ah ! s'il n'avait pas pris Romain pour cinq ans !

— Faut-il donc que tu le lui laisses quand même ?

— Si je le lui retire, il se fâchera ; il voudra me faire payer une indemnité ; où la prendre ? Tu ne le connais pas. Enfin, je verrai le petit.

— Eh bien ! samedi soir je t'apporterai un pot de beurre ; tu lui donneras ça de ma part ; il ne doit pas être trop bien nourri.

Ma tante partie, ma mère prépara son souper. Comme le parfum des pommes de terre rissolant dans la poêle me rappela les anciens jours, le temps où je revenais de l'école, affamé !

Elle se mit à table, et je la vis de face, éclairée en plein par la chandelle. Son repas ne fut pas long, et encore entrecoupé de moments de repos, pendant lesquels elle restait les yeux perdus dans le vague, comme si elle attendait que quelqu'un arrivât, d'autres fois les fixant avec un soupir sur la place qu'autrefois j'occupais vis-à-vis d'elle. Pauvre chère maman ! je la vois encore, avec son

bon visage si triste, mais si doux. C'était à moi qu'elle
pensait, c'était après moi qu'elle soupirait, et j'étais là
à trois pas d'elle, retenu, enchaîné par ma maudite résolution.

Avec son ordre et sa propreté ordinaires, elle remit
tout en place, lava son assiette, essuya la table, puis,
s'agenouillant devant l'image de saint Romain accrochée
à la muraille, elle commença sa prière.

Combien de fois, tous deux à la même place, à la même
heure, nous l'avions faite ensemble, cette prière, demand-
dant à Dieu d'étendre sa main sur mon père!

En entendant ces paroles ferventes que nous avions si
souvent répétées, je m'agenouillai sur les filets et doucement je les répétai tout bas. Mais cette fois ce ne fut pas
le nom de mon père qui sortit des lèvres émues de ma
mère, ce fut le mien.

Ah! comment à cet instant n'ai-je pas sauté près
d'elle?

VII

Je m'endormis en pleurant; mon sommeil fut moins
calme sous le toit maternel qu'il ne l'avait été la nuit précédente dans les prairies de Dol.

Avant l'aube et dès que j'entendis la mer battre son
plein sous la falaise, je sortis du rouf avec précaution.

La veille, lorsque j'étais arrivé à quatre heures, la
marée commençait à descendre, la pleine mer me disait
donc que le jour allait bientôt paraître, et je ne voulais
pas être vu par quelque voisin matinal.

Dans mon plan de voyage, je n'avais pas prévu combien il est difficile de quitter la maison natale; car, arrivé
à la haie d'ajoncs qui sépare notre cour de la lande, je
m'arrêtai malgré moi et me retournai. Mon cœur battait
à se rompre. Le coq chantait dans notre poulailler, et

les chiens du voisinage, éveillés par le bruit de mes pas, s'étranglaient à aboyer. J'entendais leurs chaînes sonner à chaque secousse qu'ils donnaient pour s'élancer de mon côté. L'aurore commençait à poindre et, dans une étroite bande de lumière blanche qui descendait du sommet de la falaise, la maison se découpait en noir.

Mon enfance, depuis le jour où j'avais eu le sentiment de la vie, me revint tout entière au souvenir : les nuits où, pour m'empêcher de pleurer, mon père me promenait dans la chambre en chantant :

> Les cailloux touchent à la terre,
> Tire lire, lire...

la première mouette que j'avais pu prendre vivante, et qui, l'aile cassée, venait manger dans ma main ; les réveils anxieux de ma mère pendant les nuits de tempête, alors que mon père était en voyage, et mes prières devant le cierge tremblant. Les inquiétudes, les tourments dont je l'avais vue tant souffrir, elle allait après mon départ les souffrir encore : l'abandonner, n'était-ce pas un crime ?

Le phare s'éteignit, et la mer parut lumineuse sous le ciel encore sombre ; au-dessus des cheminées du village, des colonnes de fumée jaune s'élevèrent droit en l'air, et un bruit de sabots résonnant sur le galet des rues monta jusqu'à moi ; on s'éveillait.

Cependant, sur la crête du talus, accroupi au milieu des ajoncs, je restais hésitant, impatient, malheureux, mécontent de moi et désolé. L'esprit de hasard, l'espoir vague de faire fortune sans être à charge à personne, ma nature, l'inconnu vertigineux, me tiraient du côté de la lande ; l'habitude, la timidité de mon âge, mes épreuves de la veille, la pensée de ma mère surtout, raidissaient les liens qui m'attachaient à la maison.

L'angélus tinta ; la volée de l'oraison n'était pas encore éteinte quand ma mère poussa la porte et parut sur le

seuil, prête à partir en journée. Allait-elle travailler au
village ou bien au bourg d'en haut, c'est-à-dire à un
hameau habité exclusivement par des cultivateurs et qui
se trouve dans la plaine? Si c'était au village, elle allait
descendre et ainsi s'éloigner de moi; si au contraire c'é-
tait au bourg d'en haut, elle remonterait et longerait le
talus sur lequel j'étais caché. J'eus un moment d'anxiété,
car j'étais bien ébranlé, bien irrésolu. Le sort voulut
qu'elle travaillât ce jour-là au village, et je n'eus pas à
résister à la tentation qui me poussait de me jeter dans
ses bras.

Quand j'entendis l'échalier retomber en grinçant, je
me levai dans les ajoncs pour la suivre au moins des
yeux; je ne vis rien que la blancheur de son bonnet qui,
au hasard des branches, apparaissait derrière la haie. Le
soleil s'était élevé au-dessus de la falaise, et il éclairait
maintenant en plein la maison; sous ses rayons, les mous-
ses qui plaquaient le chaume du toit se veloutaient d'une
belle couleur verte, et çà et là s'épanouissaient des touffes
jaunes de sedum. La brise commençait à souffler sur la
mer, et dans l'air pur du matin elle apportait du large une
fraîcheur salée que je respire encore en vous racontant
cette histoire et dont il me semble retrouver le goût âpre
sur mes lèvres.

Mais je ne veux pas me laisser aller à ces émotions qui
m'entraîneraient volontiers.

Je quittai la maison maternelle comme je m'étais
sauvé de Dol, c'est-à-dire en courant; et ce fut seulement quand l'haleine me manqua que je ralentis le pas.

Si la course est bonne pour s'étourdir, on ne réfléchit
bien que dans le repos.

Or j'avais besoin de réfléchir; j'étais parti, c'était bien;
maintenant il fallait arriver, c'était le difficile.

Je m'assis au pied d'une haie : la plaine était déserte,
il n'y avait pas danger d'être surpris; au loin seulement
je voyais, au bord de la falaise, un douanier en faction,

qui se dessinait en noir sur la zone lumineuse du soleil
levant.

Le résultat de mes réflexions fut qu'au lieu de suivre
la grande route, comme je l'avais d'abord décidé, je sui-
vrais le bord de la mer. Mon expérience de deux jours
m'avait appris que les grands chemins sont peu hospita-
liers pour ceux qui n'ont pas le gousset bien garni, et
mon plus grand souci était de m'assurer la nourriture
pendant mon voyage. Un mot que M. de Bihorel m'avait
dit bien souvent : « La mer est pour l'homme meilleure
nourrice que la terre, » m'était revenu à la mémoire, et
je comptais sur son rivage pour me fournir l'indispensable : des huîtres, des moules. A cette idée des huîtres,
je dois avouer que ma gourmandise s'était éveillée : il y
avait si longtemps que je n'en avais mangé ! Quel festin
j'allais faire !

Je me levai. Combien de lieues me séparaient encore
du Havre par le rivage ? Beaucoup, il me semblait ; mais
que m'importait ? un mois de marche sur la grève, cela
ne m'effrayait pas.

Cependant je n'osai pas descendre immédiatement, de
peur de rencontrer des gens du Port-Dieu qui m'auraient
reconnu. Ce fut seulement quand je me fus éloigné de
trois ou quatre lieues, en suivant le haut de la falaise,
que je m'enhardis à descendre sur la plage pour y chercher mon déjeuner.

Je ne trouvai pas d'huîtres, et je fus obligé de me contenter des moules qui couvraient les rochers. Ma faim un
peu calmée, j'aurais dû continuer ma route ; mais j'étais
si heureux de revoir la mer que je m'amusai à courir sur
le sable et à fourrager dans les trous : j'étais libre de
gambader et de chanter. Quelle différence avec mon em-
prisonnement à Dol ! Décidément les voyages étaient plus
amusants.

Une planche de sapin, que je trouvai prise entre deux
blocs de granit, me rendit tout à fait heureux. J'en fis un

bateau; avec mon couteau je lui donnai la forme d'un
navire; au milieu, en avançant un peu vers la pointe, je
perçai un trou; dans le trou j'enfonçai une baguette de
coudrier, que je maintins droite avec des brins d'osier;
en croix sur cette baguette, j'en attachai une autre; sur
cette seconde baguette je tendis mon mouchoir, et j'eus
ainsi une magnifique frégate, à laquelle je donnai le nom
de ma mère et que, pendant toute la basse marée, mon
pantalon retroussé au-dessus des genoux, je fis naviguer
sur une grande flaque.

Le soir me surprit dans cette occupation. Il fallait chercher un gîte pour la nuit : j'en choisis un dans une petite
grotte que la mer, pendant les grandes marées d'équinoxe, avait creusée sous ces falaises, puis je ramassai
quelques brassées de varech desséché et je m'en fis un
lit. Ce n'était pas un palais, mais cela valait mieux que
les marais de Dol. J'étais à l'abri du froid, à l'abri d'une
surprise surtout, j'avais un bon oreiller que je m'étais
fabriqué avec de gros galets; en face de moi, la lumière
d'un phare, me servant de veilleuse, me rassurait contre
la solitude ; je m'endormis aussi tranquillement que dans
une maison, et voyageai toute la nuit sur ma frégate
dans le pays des songes. Après un naufrage dans une île
où les pains de six livres et les côtelettes pendaient aux
branches des arbres comme les pommes aux pommiers,
j'étais nommé roi par les sauvages; maman me rejoi-
gnait; elle devenait reine; et quand nous buvions du
bon cidre doux, nos sujets criaient : « Le roi boit, la
reine boit ! »

Ce fut la faim qui me réveilla avant le jour, une faim
qui me tiraillait l'estomac et m'affadissait le cœur. Il me
fallut attendre cependant que la marée baissât pour ramasser ma provision de moules : mais plus j'en mangeai,
plus j'eus faim; mon repas dura certainement plus de
deux heures, et encore m'arrêtai-je plus las de les ouvrir
que rassasié. Je commençai à me dire qu'un morceau de

pain avec les moules serait une très-bonne chose. Mais comment me procurer du pain?

N'allez pas conclure, je vous prie, parce que je parle toujours pain, faim, nourriture, que j'étais un gourmand; j'avais tout simplement grand appétit comme les enfants de mon âge, et la question du manger, qui, dans les conditions où j'étais, était la question capitale, en devenait plus douloureuse : d'ailleurs ceux qui croient connaître la faim par les agréables sensations qu'ils ressentent lorsqu'ils se mettent à table devant un dîner retardé d'une heure ne savent guère ce que c'est; mais ceux-là qui, après de longs mois de privations, sont restés des journées entières l'estomac vide comprendront la vivacité de mes souvenirs.

L'endroit où j'avais passé la nuit eût produit des huîtres, que j'y serais peut-être bien resté encore quelque temps, car il me plaisait beaucoup par les facilités qu'il m'offrait pour faire naviguer ma frégate; je n'y avais été dérangé par personne, et puis la grotte, le phare, tout cela me retenait, mais la faim me décida à continuer ma route; peut-être plus loin je trouverais mieux que des moules.

Je démontai la mâture de mon navire, je remis la voile dans ma poche, et j'abandonnai mon gîte; comme tout bon voyageur doit le faire, je lui donnai un nom avant de le quitter : « la grotte du Roi. »

Tout en cheminant le long des falaises, l'idée du morceau de pain me revint d'une façon gênante, et il arriva un moment où elle fut tout à fait exigeante : j'avais rencontré une rivière et j'avais dû la traverser presque à la nage, c'est-à-dire ayant de l'eau jusqu'aux épaules, et portant mes vêtements sur ma tête. Ce bain forcé m'avait encore creusé l'estomac; les jambes me manquaient et je voyais trouble.

Ce fut dans cet état que j'approchai d'un village qui s'étalait en amphithéâtre au bord de la mer; je me décidai à le traverser, espérant bien n'y rencontrer personne de connaissance. Arrivé à la place auprès de l'église, je ne pus résister à la tentation de m'arrêter devant la boutique d'un boulanger. Il avait en montre de gros pains dorés, et par la porte s'échappait une bonne odeur de farine et de galette. J'étais en admiration devant ce spectacle, me demandant si l'aimant de mes yeux ne serait pas assez fort pour soulever les pains de l'étalage et les amener jusqu'à ma bouche, lorsqu'il se fit un grand bruit derrière moi sur la place ; un tapage de sabots, une confusion de cris ; les enfants sortaient de l'école.

Était-ce parce qu'ils ne me connaissaient pas? était-ce parce que j'avais une étrange tournure? ce qui est très-possible, car avec ma frégate sous un bras, mon paquet à la main, mes souliers poussiéreux, mes cheveux hérissés sous ma casquette, je devais avoir l'air d'un drôle de petit bonhomme, — toujours est-il qu'ils m'entourèrent aussitôt qu'ils m'aperçurent. Les premiers arrivés appelèrent les retardataires, et j'eus bientôt autour de moi un cercle d'enfants qui m'examinaient comme une bête curieuse.

Ma frégate ou plutôt le morceau de bois que j'honorais de ce nom paraissait les étonner beaucoup. Ils s'interrogeaient entre eux.

— Hé! Joseph, qu'est-ce donc qu'il a sous le bras?

— Tu ne vois pas que c'est une planche?

— Non, c'est une musique.

— Une musique, bêta! il n'a pas de marmotte.

Pas de marmotte! Ils me prenaient donc pour un Savoyard? Ma fierté en fut blessée.

— C'est une frégate, dis-je avec dignité ; et en même temps je fis quelques pas pour sortir du cercle qui s'était resserré.

— Une frégate! — Est-il bête! — Regarde donc ce marin !

Je fus abasourdi par tous ces cris; tous riaient en dansant autour de moi.

Je voulus passer à travers la bande, mais je sentis que, par derrière, un gamin, le plus hardi de la bande, me tirait ma frégate. En même temps, ma casquette me fut enlevée par un autre, et je la vis bientôt tournoyer dans les airs.

Ma casquette, ma belle casquette des fêtes! je bousculai les plus proches, pour courir après, je la saisis au vol, et, l'enfonçant sur ma tête, je revins le poing serré, décidé à me venger.

Mais à ce moment un carillon éclata dans le clocher; et tous les enfants s'élancèrent vers le porche, m'entraînant avec eux et criant:

— V'là le baptême!

Le parrain et la marraine sortaient de l'église; à peine en eurent-ils dépassé le seuil, que le parrain, qui était un beau monsieur, fouilla dans un grand sac qu'un domestique portait derrière lui, et nous jeta une poignée de dragées. Il y eut une première bousculade parmi les enfants; mais avant qu'ils fussent relevés, le parrain recommença sa distribution. Cette fois il n'avait pas jeté que des bonbons; sur le pavé de la place on entendit rebondir et rouler de gros sous. J'en vis un venir de mon côté; je sautai dessus. Pendant que j'étais baissé, une nouvelle distribution eut lieu, et j'eus la chance d'attraper une pièce de dix sous. Quoiqu'elle fût restée bien peu de temps à terre, d'autres que moi l'avaient vue; furieux de ce qu'elle leur échappait, ils se précipitèrent sur moi en criant:

— Il n'est pas du pays! ce n'est pas juste.

On me marcha sur les mains pour me faire lâcher prise; je serrai plus fort. Heureusement le parrain n'avait pas vidé son sac, et les enfants m'abandonnèrent pour courir après de nouvelles distributions.

J'avais douze sous; j'entrai chez le boulanger et me fis couper une livre de pain; jamais musique ne m'a paru aussi douce que celle que fit la croûte en se cassant sous

le couteau; tout en mordant à pleines dents à même ma
miche, je me hâtai de sortir du village : mes idées de
vengeance s'étaient évanouies et je ne demandais qu'à
échapper à mes ennemis.

Je marchai encore environ deux heures, jusqu'à un
vieux corps de garde de douaniers abandonné, où je résolus de passer la nuit.

J'avais souvent entendu dire que les richesses ôtent le
sommeil; cela se réalisa pour moi. Avec quelques brassées de trèfle sec je m'étais fait un lit excellent; j'y dormis fort mal, tourmenté de savoir ce que j'allais faire de
mon argent. La livre de pain que je m'étais payée pour
mon souper m'avait coûté trois sous; de ma fortune il me
restait donc encore neuf sous. Fallait-il vivre trois jours
avec mon petit trésor, ou bien ne valait-il pas mieux
l'employer à acheter quelques objets qui pouvaient me
donner la nourriture pendant tout mon voyage? Ce fut
la double question qui me troubla toute la nuit. Si la
veille j'avais eu un vase pour faire cuire ma pêche, je
n'aurais pas souffert de la faim; j'aurais mangé des crabes, des étrilles, des tourteaux; et si j'avais eu un filet
grand seulement comme la moitié de mon mouchoir, j'aurais pris dans les flaques autant de crevettes que j'aurais
voulu.

Enfin, le matin, je décidai qu'au premier village qui
se trouverait sur mon chemin, j'achèterais une boîte d'allumettes d'un sou, de la ficelle pour trois sous, et avec le
reste une casserole en fer-blanc pour faire cuire ma
pêche. Je dois dire cependant que ce qui me fit arrêter
à ce sage parti, ce ne fut pas précisément la sagesse,
mais surtout le désir d'avoir de la ficelle. Décidément,
l'osier ne valait rien pour faire des haubans à ma frégate; avec trois sous de ficelle, je pourrais très-bien la
gréer, et le surplus me suffirait pour un filet.

Je commençai donc par acheter la ficelle, puis les allumettes; mais pour la casserole il se présenta une diffi-

culté que je n'avais pas prévue : la moins chère coûtait
quinze sous. Heureusement, j'en aperçus une dans un
coin, si bossuée qu'elle était jetée là assurément comme
ne méritant aucune réparation. Je demandai si elle était
à vendre; et la marchande, par complaisance, me dit-
elle, consentit à me la donner pour cinq sous.

Ce jour-là je fis encore moins de chemin que je n'en
avais fait la veille, car aussitôt que j'eus trouvé une place
convenable, je passai mon temps à fabriquer une aiguille
et un moule en bois, et ensuite un petit filet. Habitué à
ce travail dès que j'avais su remuer les doigts, ce fut
pour moi un jeu. A mon dîner, j'eus le plaisir de manger
des crevettes prises avec mon filet, et cuites à l'eau de
mer dans ma casserole, sur un peu de bois mort ramassé
çà et là dans les haies.

Mais tous les bonheurs ne viennent pas à la fois : j'a-
vais établi ma cuisine sur la plage, au pied d'une falaise,
et la fumée s'élevait au-dessus en petits tourbillons. Cela
attira l'attention d'un douanier, je le vis se pencher au
bord de la falaise, pour examiner d'où venait ce feu;
puis il s'éloigna sans me parler; mais le soir, quand je
cherchai une hutte pour m'y coucher, je le retrouvai en
observation, et il me sembla qu'il me regardait d'un air
étrange. Décidément il paraît que j'étais une véritable
curiosité; et ma frégate sur le dos, ma casserole en ban-
doulière, en croix avec mon filet, mon paquet à la main,
je sentais bien que je n'avais pas une tournure à inspirer
la confiance. Déjà bien des fois, quand je traversais un
village, ou quand je rencontrais des paysans, on m'avait
observé, et si l'on ne m'avait pas interrogé, c'est que j'a-
vais alors forcé le pas. Si ce douanier allait me demander ce que je faisais là, m'arrêter? La peur me prit; pour
lui échapper, au lieu de continuer à côtoyer la mer, je
m'enfonçai dans les terres par le premier chemin que je
croisai; sa faction le retenait sur la falaise, je savais bien
qu'il ne pourrait pas me suivre.

Si je n'avais pas les douaniers à craindre dans les champs, par contre je n'avais pas leurs huttes pour m'abriter; il fallait coucher en plein champ; et ce qu'il y avait de plus fâcheux, c'est que je n'apercevais pas un seul bouquet d'arbres; au loin seulement quelques meules de foin qui faisaient des points noirs sur le couchant empourpré. C'était une nuit à passer comme dans les marais de Dol. Elle fut moins mauvaise. Des fourches étaient restées sur le champ; je m'en fis une sorte de toit portant contre une meule; par-dessus et à l'entour j'entassai quelques paquets de luzerne, et je fus ainsi très-bien abrité contre le froid dans une sorte de nid parfumé.

La crainte d'être surpris là par les faneurs m'en fit partir dès que la fraîcheur du petit jour et les cris des oiseaux m'eurent éveillé. J'avais encore terriblement sommeil; mes jambes aussi étaient endolories, mais l'essentiel était de ne pas me laisser prendre; je dormirais dans la journée.

Ce n'était pas mon appétit, vous le pensez bien, qui fixait l'heure de mes repas, mais la marée; je ne pouvais déjeuner ou dîner que lorsqu'elle était basse et que j'avais pêché : or, comme il était pleine mer vers huit heures, je ne pus pas manger avant midi, et encore je fus forcé de me contenter de crabes que j'attrapai aussitôt que le sable commença à se découvrir un peu. Aussi, pour ne pas être exposé désormais à une pareille abstinence, je résolus d'avoir toujours des provisions d'avance, et, mon repas fini, je me mis à pêcher des crevettes. J'en pris une grande quantité de cette espèce que vous appelez à Paris du bouquet, et aussi trois plies assez belles, et une sole.

Comme je m'en revenais vers la falaise chercher un endroit où je pourrais cuire ma pêche, je rencontrai une dame qui promenait deux petites filles et leur apprenait, avec une pelle de bois, à chercher des coquilles dans le sable.

— Eh bien ! me dit-elle en m'arrêtant, avez-vous fait bonne pêche, mon garçon ?

Elle avait de beaux cheveux blancs qui lui encadraient la figure et de grands yeux doux ; sa voix était presque caressante. C'était depuis quatre jours la première parole d'intérêt qu'on m'adressait : les petites filles étaient blondes et très-jolies ; je n'eus pas peur et ne me sauvai pas.

— Oui, madame, dis-je en m'arrêtant ; et j'ouvris mon filet dans lequel mon bouquet grouillait avec un petit bruit rauque.

— Voulez-vous me vendre votre pêche ? me demanda la dame.

Vous pensez si j'ouvris les oreilles à cette proposition : des pains de douze livres me dansaient devant les yeux, et je respirai l'odeur de la croûte rissolée.

— Combien en voulez-vous ?

— Dix sous, répondis-je à tout hasard.

— Dix sous ! le bouquet à lui seul en vaut au moins quarante ; vous ne connaissez pas le prix de votre marchandise, mon enfant. Vous n'êtes donc pas pêcheur ?

— Non, madame.

— Eh bien ! puisque c'est pour votre plaisir que vous pêchez, faites-moi l'amitié d'accepter en échange de ce bouquet cette pièce de quarante sous, et pour votre poisson une autre : voulez-vous ?

En même temps elle me tendit les deux pièces.

J'étais tellement abasourdi de cette offre magnifique que je ne trouvais rien à répondre.

— Allons, acceptez, dit-elle, venant en aide à mon embarras, vous achèterez avec cela ce qui vous fera plaisir.

Elle me mit quatre francs dans la main, tandis qu'une des petites filles versait mon bouquet dans son panier et que l'autre me prenait mon poisson enfilé dans une ficelle.

Quatre francs ! A peine mes pratiques eurent-elles le dos tourné que je me mis à exécuter une danse folle sur le sable. Quatre francs !

A un quart de lieue à peine se trouvaient les maisons d'un village. Je me dirigeai dessus, décidé à acheter un pain de deux livres. Je n'avais plus peur du tout des gendarmes, des douaniers ou des gardes champêtres ; si j'en rencontrais un qui me demandât quelque chose, je lui montrerais mes quatre francs :

— Laissez-moi passer, vous voyez bien que je suis riche.

Je ne rencontrai ni gendarme ni douanier, mais en revanche je ne rencontrai pas non plus de boulanger. Je parcourus deux fois l'unique rue du village : un café, un épicier, une auberge, pas de marchand de pain.

Il m'en fallait cependant, du pain ; et ce n'était pas en entendant mes deux pièces sonner dans ma poche que je pouvais me résigner à m'en passer. Je n'avais plus ma timidité des jours précédents ; la maîtresse de l'auberge était sur le seuil de sa porte, j'osai lui demander où demeurait le boulanger.

— Il n'y en a pas ici, me dit-elle.

— Alors, madame, est-ce que vous voulez bien me vendre une livre de pain ?

— Nous ne vendons pas de pain, mais je peux vous donner à dîner si vous avez faim.

Par la porte ouverte il m'arrivait une odeur de choux, et j'entendais la marmite bouillir sur le feu. Ma faim ne put y résister.

— Combien pour dîner ?

— Pour une soupe, du lard avec des choux et du pain, trente sous, le cidre compris.

C'était terriblement cher, mais elle m'eût dit quatre francs que je serais entré tout de même. Elle me plaça dans une petite salle basse, et elle apporta sur la table une miche de pain qui pesait bien trois livres.

Ce fut cette miche qui me perdit. Le lard était gras; au lieu de le manger à la fourchette, je l'étalai sur le pain et j'en fis des sandwiches, dont l'épaisseur était à mes yeux la principale qualité. Un premier morceau fut englouti, puis un second, puis un troisième. C'était si bon. La miche avait singulièrement diminué. J'en coupai un quatrième morceau, énorme celui-là, me disant que ce serait le dernier. Mais lorsqu'il fut fini, il me restait encore un peu de lard : je retournai à la miche et n'en laissai finalement qu'une tranche bien mince. Après tout, c'était une occasion unique, il fallait en profiter.

Je croyais être seul dans la salle; mais un bruit confus, quelque chose comme des rires et des paroles étouffées, me fit tourner la tête du côté de la porte; derrière le vitrage dont le rideau était relevé, l'aubergiste, son mari et une servante me regardaient en riant.

Jamais je n'ai éprouvé pareille confusion. Ils entrèrent dans la salle.

— Monsieur a-t-il bien dîné? me demanda l'aubergiste : et leurs rires recommencèrent.

J'avais hâte de me sauver; j'offris ma pièce de quarante sous.

— C'était trente sous pour un homme, me dit l'aubergiste; pour un ogre c'est quarante, mon garçon; et elle ne me rendit pas la monnaie.

J'avais franchi la porte lorsqu'elle me rappela.

— Prenez garde d'éclater, n'est-ce pas? Ne marchez pas trop vite, ce sera prudent.

Malgré cette recommandation, je me sauvai comme un voleur, et ce fut seulement à une certaine distance que je ralentis le pas.

J'étais honteux d'avoir fait cette grosse dépense en un seul repas, mais physiquement je m'en trouvais très-bien; depuis que j'étais en route, je ne m'étais jamais senti tant de courage.

Bien dîné, quarante sous en poche : le monde, en somme, était encore à moi.

Ces quarante sous, en les économisant, m'assuraient du pain pour plusieurs jours ; je me décidai à abandonner le bord de la mer et à prendre l'itinéraire que je m'étais d'abord tracé, à travers le Calvados.

Seulement une difficulté se dressait devant moi. Où étais-je? J'avais traversé beaucoup de villages et deux villes; mais j'en ignorais les noms; sur une route j'aurais eu les bornes kilométriques pour me renseigner, mais le long des falaises il n'y a pas de bornes, et demander le nom des villages ou des villes, je ne l'osais pas. Il me semblait que, tant que j'aurais l'air de savoir où j'allais, on ne me dirait rien, tandis que si je demandais mon chemin, on m'arrêterait. Je me rappelais très-bien la configuration du département de la Manche, et je savais que, comme il fait une pointe dans la mer, il fallait, puisque je ne voulais plus suivre le littoral, me diriger vers l'est; mais la route que j'allais prendre me conduirait-elle à Isigny ou bien à Vire? A Isigny je retrouvais la côte, c'est-à-dire la pêche; à Vire, je serais au milieu des terres, sans espoir de pouvoir renouveler mes provisions de bouche, dès que mes quarante sous seraient dépensés.

La question était des plus graves et je le sentais bien.

Après avoir longtemps balancé, je me décidai à tenter l'aventure, et, la première route que je trouvai, je la pris en tournant le dos à la mer; mon espoir était dans les bornes kilométriques. Je ne tardai pas à en apercevoir une; on lisait dessus : « Quetteville : 3 kilomètres. » C'était 3 kilomètres à faire : à Quetteville, je serais fixé. A l'entrée de Quetteville, je trouvai à l'angle d'un mur une inscription écrite en lettres blanches sur un fond bleu, et portant : « Route départementale n° 9, de Quetteville à la Galainière, 5 kilomètres. » Comme je ne me souvenais

pas d'avoir vu ces deux noms sur la carte, je restai for
embarrassé. Où étais-je? perdu!

Je traversai le village, puis, quand je fus assez éloigné
pour ne pas craindre les curieux, je m'assis sur les
marches d'un beau calvaire en granit qui se trouvait là.
Il était construit au carrefour de quatre routes, au point
le plus élevé d'un mamelon, et tout autour la vue s'étendait sur de grandes plaines boisées, au milieu desquelles
se dressait çà et là un clocher en pierre; derrière, la
ligne blanche de la mer qui se confondait avec le ciel.
Je marchais depuis le matin; le soleil et la chaleur furent
les plus forts; m'étant accoudé sur une marche pour réfléchir plus tranquillement, je m'endormis.

Quand je m'éveillai, je sentis deux yeux fixés sur les
miens; en même temps j'entendis une voix qui me
disait:

— Ne bouge pas.

Naturellement je n'eus garde d'obéir, et, me levant,
je regardai autour de moi comment je pourrais me
sauver.

La voix, qui aux premières paroles était assez douce,
prit un accent d'impatience.

— Ne bouge donc pas, gamin, tu fais bien dans le
paysage; si tu veux reprendre ta position, et si tu la
gardes, je te donne dix sous.

Je me rassis; celui qui me parlait ainsi n'avait pas l'air
de vouloir m'arrêter. C'était un grand jeune homme
coiffé d'un chapeau de feutre mou et vêtu d'un costume
de velours gris : assis sur un tas de cailloux, il avait un
carton posé sur ses genoux. Je compris qu'il dessinait
mon portrait, ou, plus exactement celui du site et du
calvaire, puisqu'il avait dit que je faisais bien dans le
paysage.

— Tu n'as pas besoin de fermer les yeux, me dit-il
quand j'eus repris ma position, ni la bouche; comment
nommes-tu ce lieu-ci?

— Je ne sais pas.

— Tu n'es donc pas du pays? Tu n'es pas cependant rétameur de casseroles, n'est-ce pas?

Je ne pus m'empêcher de rire.

— Veux-tu bien ne pas rire! Si tu n'es pas rétameur, qu'est-ce que c'est que cette batterie de cuisine que tu portes sur ton dos?

Les questions commençaient déjà; mais ce monsieur avait l'air d'être le meilleur homme du monde, je me sentais attiré vers lui, je n'eus pas peur de répondre. Je lui dis la vérité : j'allais au Havre; cette casserole me servait à faire cuire ma pêche; j'étais depuis huit jours en route; j'avais quarante sous dans ma poche.

— Et tu n'as pas peur d'être assassiné en me confiant que tu portes une pareille somme sur toi; tu es un rude gaillard. Ah çà! tu ne crois donc pas aux brigands?

Je me mis encore à rire.

Tout en dessinant, il continua de m'interroger, et insensiblement j'en vins à lui dire comment j'avais vécu depuis que j'étais en voyage.

— Eh bien! mon garçon, tu peux te vanter d'être une curiosité; tu as débuté par faire une sottise, c'est vrai, mais enfin tu t'en es bien tiré. J'aime les garçons de ton espèce. Veux-tu que nous soyons amis? voici ce que je te propose. Moi aussi, je vais au Havre, mais sans me presser; je n'y serai peut-être que dans un mois, cela dépendra des pays que je traverserai : s'ils me plaisent, je m'arrêterai pour travailler; s'ils ne me disent rien, je passerai outre. Veux-tu venir avec moi? tu porteras mon sac qui est là, je te donnerai la nourriture et le logement.

Le lendemain, je lui avais conté mon histoire telle que vous venez de l'entendre.

— Quel rude bonhomme, que ton oncle! dit-il, quand j'eus terminé mon récit. Veux-tu que nous allions à Dol? tu me le montreras, et je ferai sa charge sur toutes les

6

murailles de la ville. J'écrirai au dessous : « Simon Kalbris, qui laissait son neveu mourir de faim. » Quinze jours
après il sera forcé de quitter la ville. Non, tu ne veux pas
de ça ; tu aimes mieux ne pas le revoir ; tu es clément, tu as
raison ! Mais il y a dans ton histoire une chose qui ne
m'est pas indifférente. Tu veux être marin, c'est bien, il
paraît que c'est ta vocation, c'est bien encore, et il ne
m'appartient pas de te faire un discours là-dessus, quoique, à mon sens, ce soit là un fichu métier ; des dangers,
de la fatigue et rien de plus. Tu es attiré par le côté hé-
roïque et aventureux de la chose, bien encore, si c'est
ton idée. Tu fais ce que tu veux, et, quoique tu sois bien
jeune, tu en as peut-être le droit, après la vie que tu as
menée auprès de ton oncle. Mais il y a un droit que tu
n'as pas, c'est de désoler ta maman. Depuis huit jours que
ton oncle a dû lui annoncer ta fuite, sais-tu par quels
chagrins, par quelles angoisses elle a passé? Elle te croit
mort, sans doute. Tu vas donc prendre dans mon sac ce
qu'il faut pour écrire, et pendant que je ferai un croquis
de ce moulin, tu écriras à ta mère tout ce que tu viens de
me raconter : comment tu as quitté ton oncle, et pourquoi,
et tout ce que tu as fait depuis ton départ. Tu mettras
aussi que tu as par hasard — tu mettras, oui, tu peux
mettre un heureux hasard — que tu as rencontré un peintre qui se nomme Lucien Hardel, lequel peintre te con-
duira au Havre et te recommandera à un de ses amis qui
est armateur, pour que tu sois embarqué sur un navire
faisant une bonne traversée. Quand tu auras fini ta lettre,
tu verras comme tu auras le cœur plus léger.

M. Lucien Hardel avait raison. J'écrivis à ma mère une
lettre que je couvris de larmes, mais la chose faite, je
me sentis plus en repos avec ma conscience.

Ce furent les belles journées de mes voyages, celles que
je passai avec Lucien Hardel.

Nous allions droit devant nous sans itinéraire tracé,
nous arrêtant quelquefois tout un jour devant un arbre

ou un site qu'il dessinait, marchant quelquefois tout un
jour sans nous arrêter. Je portais son sac de voyage qui
n'était pas bien lourd et qui se bouclait sur le dos comme
un sac de soldat; encore bien souvent me le prenait-il en
chemin, et voulait-il le porter lui-même pour me laisser
reposer. J'étais chargé d'acheter chaque matin les provisions : du pain, des œufs durs, un morceau de jambon, et
de faire remplir une gourde d'eau-de-vie que nous mélan-
gions à l'eau. Nous déjeunions sur la grande route au pied
d'un arbre, où cela se trouvait; et, le soir, nous soupions
dans une auberge. Ce n'était plus un repas de crevettes,
de crabes, mais de bonnes soupes chaudes ; ce n'était plus
d'i foin pour matelas, mais de bons draps blancs, dans
lesquels on se couchait déshabillé.

Il avait été surpris de ne pas trouver en moi tout à fait
un paysan; ce que j'avais appris auprès de M. de Bihorel
l'étonnait souvent : j'en savais plus long que lui sur les arbres, sur le nom des insectes, des herbes, sur ce monde
des infiniment petits que bien peu de gens connaissent.
Nous restions bien peu de temps sans parler : il y avait
en lui une bonne grâce, un entrain qui mettait à l'aise,
une gaieté qui se communiquait.

En allant ainsi tout droit devant nous au hasard de la
route, nous étions arrivés aux environs de Mortain; ce
n'était guère la direction du Havre, mais je ne m'en préoc-
cupais pas : certain d'y arriver et de pouvoir m'embarquer
sur un des nombreux paquebots qui font les voyages du
Brésil, il m'importait peu de gagner du temps ou d'en
perdre.

Le pays de Mortain est assurément le canton, je ne dirai
pas le plus normand, mais le plus pittoresque de la Normandie. Des bois de sapins, des éboulements de rochers,
des collines escarpées, des gorges sombres, partout des
eaux écumeuses courant sous les arbres, ou tombant en
cascades, enfin une verdure d'une intensité et d'une fraîcheur merveilleuses en font un séjour cher aux peintres,

qui y trouvent à chaque pas des sujets d'étude et des tableaux tout composés.

Sans nous fixer nulle part, nous tournions dans un cercle dont Mortain était le centre, et dont la ligne extrême allait jusqu'à Domfront, Sourdeval, Saint-Hilaire-du-Harlouet et le Teilleul. Pendant que Lucien Hardel travaillait, je pêchais des truites, ou j'attrapais des écrevisses dans les trous pour notre souper.

J'étais trop heureux, cela ne pouvait pas durer, sans quoi ce qui devait être expiation eût été récompense.

Un matin que nous étions, chacun de notre côté, livrés à nos occupations, nous vîmes venir à nous un gendarme. De loin, il avait une tournure assez grotesque, et bien certainement il n'avait pas été enrôlé pour l'élégance ou la dignité de sa taille.

Très-sensible à ce qui dans les hommes ou dans les choses prêtait à la charge, Lucien Hardel me dit de le regarder; en même temps, sur la marge de l'étude à laquelle il travaillait, il esquissa à grands traits la tête du gendarme.

Celui-ci s'était rapproché, et en voyant que nous l'examinions, il avait assuré son chapeau sur ses cheveux fauves, tiré en avant la buffleterie de son sabre et ralenti le pas en se dandinant noblement.

Le crayon sur le papier avait suivi ses mouvements, et il en était résulté une caricature qui me faisait rire de bon cœur.

Cela ne plut point au gendarme, qui s'avança vers nous :

— Pardon, excuse, dit-il, vous m'avez assez dévisagé; conséquemment je voudrais voir votre signalement.

— Eh bien! gendarme, dit Lucien Hardel, en plaçant le dessin dans son carton, ne vous gênez pas; je vous ai regardé; quand vous m'aurez regardé à votre tour, nous serons quittes.

— Point de propos, vous comprenez bien que c'est votre passeport que je réclame : c'est mon devoir et ma fonction de vous le demander, puisque vous êtes vaguant sur la grande route.

Sans répondre au gendarme, Lucien Hardel se tourna vers moi :

— Romain, prends donc dans le sac mon passeport, là, dans le compartiment du tabac, et présente-le poliment à monsieur.

Puis, s'adressant au gendarme :

— Je voudrais, par respect pour vos fonctions, vous le faire présenter sur un plat d'argent ; mais, en voyage, vous savez, on n'a pas ce qu'on veut ; c'est même précisément pour cela que Romain n'a pas de gants ; mais comme vous n'en avez pas non plus, une fois encore nous serons quittes.

Le gendarme comprit que ce discours si poli, qu'il avait tout d'abord écouté avec une sorte de béatitude, était une moquerie ; il rougit, se mordit les lèvres, enfonça son chapeau sur sa tête, puis, pour se donner une contenance, il se mit à lire :

« Nous, etc., invitons les autorités civiles et militaires à laisser passer et librement circuler le sieur... Har..., le sieur Hardel, Lu... Luci... Lucien, profession de... de... de... »

Ici, il resta longtemps embarrassé, puis tout à coup comme s'il prenait son courage.

— ... profession de pe... de pei... peitre passagiste.

Puis il murmura encore quelques mots entre ses lèvres, et me remettant le passeport :

— C'est bien ! dit-il avec majesté.

Comme il allait nous tourner le dos, empressé sans doute de mettre fin à une conversation qui le gênait, Lucien Hardel, mal inspiré, l'arrêta :

— Pardon, monsieur, vous avez passé l'essentiel dans mon passeport, la chose seule pour laquelle j'ai payé deux francs sans murmurer.

— Comme quoi?

— Comme quoi que vous me devez aide et protection.

— Eh bien ?

— Eh bien ! voudriez-vous me faire savoir en quelle qualité je suis autorisé à vaguer sur la grande route?

— En la qualité que dit votre passeport.

— Alors... en qualité de peitre passagiste.

— Sans doute, puisque c'est votre profession.

— S'il vous plaît, encore, pourriez-vous me dire ce qui est permis et ce qui est défendu dans ma profession?

— Ah çà ! est-ce que c'est à moi de vous apprendre votre métier?

— Mon métier, non, mais celui de peitre passagiste; voyons, comprenez-moi bien : pour la gendarmerie, je suis peitre passagiste, n'est-ce pas? le suis-je?

— Heu!... oui.

— Bon, à deux lieues d'ici je rencontre un de vos confrères, il me demande mon passeport; précisément je suis en train de faire quelque chose qui ne rentre pas dans ma profession de peitre passagiste, il m'arrête.

— Conséquemment.

— Il faut donc que je sache ce qui m'est permis et ce qui m'est défendu.

De grosses gouttes de sueur coulaient sur la figure du pauvre gendarme ; il voyait qu'on se moquait de lui, et il commençait à croire qu'il avait dû dire quelque sottise. A la fin la colère l'emporta.

— Est-ce que vous allez longtemps comme ça molester l'autorité, vous, avec votre grande barbe? Allons, point de propos; puisque votre profession n'est pas votre profession, ça n'est pas clair, et puisque ça n'est pas clair, je vous arrête; suivez-moi chez le maire, vous vous expliquerez avec lui. Et celui-là, il me montra du doigt, — qui n'est pas sur le passeport, — on verra qui il est. Obtempérez.

— Alors c'est en qualité de peitre passagiste que vous m'arrêtez?

— Je vous arrête parce que je vous arrête ; est-ce que je vous dois des raisons? Allons, obtempérez, ou je vous appréhende.

— Eh bien ! marchons; si M. le maire est dans votre genre, la journée sera complète ; viens, Romain, et prends le sac. Gendarme !

— Qu'est-ce qu'il y a ?

— Attachez-moi les mains et tirez votre sabre ; puisque je me paie une arrestation, je la veux de première classe.

J'étais bien éloigné de partager cette gaieté. Je trouvais que Lucien Hardel aurait mieux fait de se taire. « *Et celui-là, on verra qui il est,* » avait dit le gendarme. Cette parole me retentissait dans les oreilles. On allait chercher, trouver, et bien certainement me renvoyer à mon oncle.

Lucien Hardel marchait en chantant :

> Le pauvre prisonnier
> Que l'on conduisait pendre...

Le gendarme le suivait à longueur du bras et je venais ensuite à quatre ou cinq pas. Une demi-lieue à peu près nous séparait du village, et avant d'y arriver nous devions traverser un bois. Le hasard voulut que la route fût droite et qu'à ce moment on n'y vit venir personne. A peine nous fûmes-nous avancés d'une centaine de mètres dans le bois que, cédant à l'inspiration subite de mes terreurs, mon parti fut pris. Mieux valait m'exposer à tout, pensai-je, que d'être reconnu et reconduit à Dol. Je n'avais pas bouclé le sac sur mes épaules, je le portais à la main ; je ralentis insensiblement ma marche, puis, jetant le sac à terre, je franchis le fossé d'un bond.

Au bruit que fit le sac en tombant, le gendarme se retourna ; déjà j'étais dans le bois.

— Arrêtez ! cria-t-il.

— N'aie donc pas peur, me dit Lucien Hardel, nous allons rire un peu.

Je ne répondis que ceci : « Mon oncle! » et « adieu ».

Et je me jetai à travers les cépées. Me poursuivait-on, ne me poursuivait-on pas? je courais sans me retourner, droit devant moi, insensible aux branches qui me fouettaient la figure, aux épines qui me déchiraient. J'allais si follement que je ne vis pas qu'il y avait un vide; tout à coup je sentis la terre me manquer sous les pieds, et je roulai au fond d'un grand trou, j'y restai étendu, non que je fusse blessé, mais j'étais sous un inextricable fourré d'herbes et de ronces si épaisses que je ne voyais pas le ciel. L'instinct de la bête fauve chassée par les chiens me gouvernait : rasé contre la terre, me faisant le plus petit possible, ne respirant pas, j'écoutai. Je n'entendis rien que les cris des oiseaux qui s'envolaient effrayés, et autour de moi le sable, qui, détaché par ma chute, coulait doucement grain à grain comme d'un immense sablier.

Après quelques minutes, quand je fus bien certain qu'on ne me poursuivait pas, je pus réfléchir à ma position.

Voici comment je raisonnai : Lucien Hardel consigné chez le maire, le gendarme allait prévenir ses camarades, et tous ensemble aussitôt se mettraient à ma recherche. Si je ne voulais pas être pris, il fallait donc partir immédiatement et gagner un peu d'avance. L'idée ne me vint même pas que chez le maire tout aurait pu s'arranger, que, le peintre remis en liberté, nous aurions pu continuer notre voyage jusqu'au Havre, comme il avait été convenu. J'étais dans un état où les résolutions extrêmes se présentent seules à l'esprit, parce que seules elles sont en rapport avec notre exaltation. Pour ne pas être repris par les gendarmes et reconduit à Dol, j'aurais, je crois, passé à travers le feu. Sans doute, je demandais pardon, dans mon cœur, à Lucien Hardel de l'avoir abandonné; mais n'étaient-ce pas ses charges saugrenues qui avaient rendu notre séparation nécessaire?

IX

Deux heures après, j'atteignais les premières maisons de Sourdeval; mais, de peur d'être remarqué, je ne traversai pas la ville, je la tournai vers les derrières, de manière à rejoindre la route de Vire.

La marche avait calmé mon exaltation, mais je n'étais pas rassuré sur les difficultés de mon voyage jusqu'à Honfleur : je n'avais plus ma casserole, mon petit paquet était resté à Mortain, et au milieu des campagnes j'allais me retrouver dans la même position que le premier jour de ma fuite : la faim ne se faisait pas encore sentir, parce que j'avais bien déjeuné, mais elle ne tarderait pas !

Ajoutez que je voyais des gendarmes partout, et vous comprendrez que je ne cheminasse pas très-gaiement : d'abord je regrettais mon compagnon ; puis tout chapeau, même tout bonnet de coton qui se montrait au loin était aussitôt changé en un tricorne par mon imagination inquiète. Je n'avais pas fait trois lieues que, déjà plus de dix fois, j'avais quitté la grande route pour me blottir dans les blés ou sous les ronces du fossé. En sautant un de ces fossés, il me sembla entendre un bruit clair dans ma poche, comme si des sous se choquaient : je me fouillai ; c'était bien des sous, il y en avait six, et, ce qui valait bien mieux encore, deux pièces de quarante sous s'y trouvaient jointes : la veille j'avais acheté du tabac pour mon peintre, et c'était la monnaie qu'on m'avait rendue sur cinq francs. Devais-je la garder ? Mais comment la rendre ? Je me promis de n'y pas manquer si jamais cela me devenait possible.

· Si grande que fût ma fortune, je ne m'en laissai pourtant pas étourdir. Après quelques instants de réflexion et de conseil tenu avec moi-même, je m'arrêtai au plan suivant : je continuerais ma route à pied, je coucherais dans les champs ou dans les bois, seulement je ne ferais

pas d'économies sur ma nourriture. J'étais dans une
position à ne pas me refuser le nécessaire.

Il n'était pas encore nuit quand je traversai Vire, cependant je m'égarai dans les rues : au lieu de prendre la
route de Villers-Bocage, je pris celle de Condé-sur-
Noireau, et ce fut seulement en arrivant à Chênedollé
que je reconnus mon erreur. J'avais assez étudié ma
carte pour la porter dans ma tête, et je savais que par
Harcourt je pouvais gagner Caen; je ne me tourmentai
donc pas de ce détour et je dormis parfaitement à l'abri
d'une meule de colza. A deux ou trois cents pas de mon
gîte, j'apercevais la cabane d'un berger au milieu d'un
parc de moutons dont la brise m'apportait l'odeur
chaude et douceâtre; ce m'était une sécurité de n'être
pas seul dans ces grandes plaines boisées, et d'entendre
les chiens enchaînés autour du parc aboyer de temps en
temps contre moi.

Bien des fois, Lucien Hardel m'avait dit, lorsque je lui
racontais mon voyage le long de la mer, qu'il regardait
comme un miracle que j'eusse pu échapper aux fièvres
causées par le froid du matin; aussi dès que, sous mes
branches de colza, je me sentis éveillé par un frisson, je
me levai. Il ne faisait pas encore jour, mais déjà l'aube
blanchissait la cime des arbres. L'horizon, du côté de
l'orient, se colorait en jaune, au-dessus de ma tête les
étoiles scintillaient faiblement dans l'azur pâle du ciel,
tandis que, derrière moi, s'étendait une grande voûte
noire sur laquelle tranchaient de longs serpents de vapeurs grises qui se déroulaient au-dessus des vallons. La
poussière des chemins était mouillée comme s'il était
tombé une petite pluie, et, sur les branches des buissons,
des oiseaux matineux s'ébrouaient en hérissant leurs
plumes pour secouer la rosée de la nuit.

Je continuai ma route pendant deux jours sans qu'il
m'arrivât rien de particulier; mais vous pensez bien que
je ne marchais pas ainsi depuis le matin jusqu'au soir

sans m'arrêter. Vers le midi et quand je trouvais un endroit favorable, je dormais quelques heures.

Le troisième jour, après avoir dépassé Harcourt, j'étais arrivé à une grande forêt qu'on nomme la forêt de Cinglais, et la chaleur, bien qu'il fût encore matin, y était si forte, si étouffante, que je ne pus pas attendre midi pour faire mon somme. Jamais je n'avais eu si chaud, la route me brûlait les pieds; je m'enfonçai sous le bois, espérant trouver un peu de fraîcheur, mais inutilement. Au plus épais du fourré, aussi bien que sur la grande route, l'air était embrasé; on n'entendait pas un bruissement de feuille, pas un cri d'oiseau : partout un lourd silence à croire que la fée de la Belle au Bois dormant avait passé par là et touché de sa baguette le ciel, les animaux et les plantes; seuls, les insectes, les moucherons avaient échappé à ce repos universel; il y en avait qui fourmillaient dans les herbes, et, dans les rayons de la lumière qui glissaient obliquement sous les arbres, on voyait des essaims tourbillonner avec un sourd bourdonnement, comme si cette chaleur intense avait activé leur vie.

A peine assis au pied d'un hêtre, je m'endormis, la tête posée sur mon bras. Je fus réveillé par une douleur assez vive au cou; j'y portai la main, et je pris une grosse fourmi fauve; en même temps je sentis une autre piqûre à la jambe, puis une autre à la poitrine, puis une infinité d'autres dans toutes les parties du corps. Je me déshabillai vivement, et, ayant secoué mes vêtements, j'en fis tomber toute une fourmilière; mais je ne fus pas pour cela guéri des piqûres que ces maudites bêtes m'avaient faites. Sans doute elles avaient, comme certains moustiques, laissé un venin dans la plaie, car je fus bientôt tourmenté par d'insupportables démangeaisons. Naturellement, plus je me grattai, plus la douleur s'irrita; au bout d'une heure, j'avais les ongles teints de sang.

Si vous avez vu quelquefois, dans un jour d'orage, des moutons assaillis, au milieu d'une plaine, par un essaim de mouches, courir çà et là, se rouler par terre, se déchirer dans les ronces, vous pouvez comprendre dans quel état d'exaspération j'étais. Il me semblait que, si je pouvais sortir de la forêt, je souffrirais moins; mais la route s'allongeait, s'allongeait, et toujours des arbres de chaque côté, toujours une température de fournaise. Enfin, du haut d'une côte, j'aperçus devant moi une petite rivière qui serpentait au milieu de bouquets d'arbres. En dix minutes, j'arrivai sur les bords; en quelques secondes, je fus déshabillé, et je me jetai à l'eau.

C'était un endroit frais et vert comme on en trouve à chaque pas en Normandie. La rivière, retenue par les vannes d'un moulin dont on entendait le tic-tac à une courte distance, coulait doucement au milieu de longues herbes déliées qui se tortillaient au gré du courant; l'eau, d'une limpidité diaphane, laissait voir le fond formé d'un beau sable jaune, tacheté çà et là de cailloux moussus. Implantés dans les berges, des groupes d'aulnes et de trembles arrêtaient les rayons du soleil, et, sous leur épais couvert, les insectes, à l'abri de la chaleur, s'agitaient en bourdonnant. Sur les eaux, parmi les feuilles de nénuphar et de cresson, des faucheux aux longues pattes; dans les fleurs d'aconit, d'iris, de reine des prés, des mouches bleues et des libellules aux ailes de mousseline. Effrayés par le bruit que j'avais fait en me plongeant dans la rivière, des pigeons ramiers s'étaient envolés au haut des trembles, mais bientôt ils étaient redescendus et, posés sur le bord, ils s'enfonçaient la tête dans l'eau et secouaient leurs plumes hérissées en roucoulant, tandis qu'au loin des martins-pêcheurs plus craintifs voletaient sans oser approcher; lorsque, plus rapides qu'une balle, ils traversaient un rayon de soleil, leur plumage d'azur éblouissait les yeux.

Je serais resté là plusieurs heures, tant le froid de l'eau m'était agréable, si tout à coup je ne m'étais entendu interpeller par une voix partant précisément de l'endroit où j'avais laissé mes vêtements.

— Ah! brigand, je te prends encore à te baigner là! Eh bien! cette fois, tu viendras chercher tes habits à la mairie.

Mes habits! mes habits à la mairie! c'est-à-dire mes habits d'un côté et moi de l'autre, je n'en pouvais croire mes oreilles...

Stupéfait, je regardai qui me parlait ainsi : c'était un petit homme gros et gras qui, du bord du chemin, me montrait le poing; au milieu de sa poitrine, sur une blouse de laine grise, brillait une plaque jaune comme de l'or.

Le petit homme ne perdait pas son temps. Le fait suivait la menace.

Il se baissa, fit un paquet de mes pauvres habits en les roulant pêle-mêle.

Je me mis à crier :

— Monsieur! Monsieur!

— Bon, dit-il, à la mairie!

Je voulus sortir de l'eau, courir après lui, le supplier; la peur de la plaque jaune et le sentiment de ma nudité m'arrêtèrent : un garde champêtre! un homme qui a un sabre, qui peut vous mener en prison! Que dire d'ailleurs s'il m'interrogeait?

Son paquet était fait, il le mit sous son bras et de l'autre me menaçant encore :

— Tu t'expliqueras à la mairie, dit-il.

Et il s'éloigna.

Je restai si ahuri, que j'en oubliai de faire les mouvements nécessaires pour me tenir sur l'eau, et naturellement je coulai au fond.

Revenu bientôt à la surface, je gagnai tout honteux le bord et me cachai dans une touffe de roseaux : leurs longues feuilles flexibles se recourbèrent au-dessus de moi, et je me trouvai du moins à l'abri des regards et des recherches.

Il ne me fallut pas de longues réflexions pour comprendre tout le désagrément de ma position. Comment aller à la mairie chercher mes vêtements ? Où était-elle, d'ailleurs, cette mairie ? Au milieu du village, sans doute ! Comment m'aventurer sans aucun vêtement sur la route et traverser des rues ?

C'était bien le cas d'imiter Robinson ; mais, dans la réalité, on ne se tire pas si vite d'affaire que dans les livres.

Depuis que j'avais quitté Dol, je n'avais point encore, si fâcheuses, si pénibles qu'eussent été les difficultés que j'avais rencontrées, éprouvé un absolu découragement ; mais cette fois je me crus perdu, je me sentis anéanti, sans volonté, sans forces, envahi tout entier par un accablant désespoir.

Je restai longtemps à pleurer ; mais insensiblement le froid me prit, et je commençai à grelotter. A deux cents pas le soleil tombait sur la berge, où je voyais les herbes se dessécher ; là, bien sûr, je me réchaufferais sur le sable sec ; mais telle était ma frayeur que je n'osais remuer. Enfin le froid me pénétra si rudement que je m'enhardis, je me remis à l'eau et gagnai l'autre bord à la nage. La berge s'élevait d'au moins deux mètres au-dessus du courant ; elle était creusée en dessous, et de son sommet retombaient en cascade de longues tiges de liseron et de houblon enlacées. Ce ne fut ni sans peine ni sans écorchures que je parvins à m'y établir.

Le soleil ne tarda pas à me réchauffer ; mais avec la chaleur me revint le sentiment de la vie, c'est-à-dire une faim vorace. Quoi manger ? Avec mes habits, le garde avait emporté mon pauvre argent !

Cependant les heures s'écoulaient, sans qu'aucun moyen se présentât à mon esprit pour sortir de cette position : au-dessus de moi, à quelques pas, j'entendais bien de

temps en temps des voitures rouler sur la route; mais
quels secours en attendre? Comment abandonner ma cachette dans l'état où j'étais. J'aurais peut-être trouvé
moyen de me faire un vêtement de feuilles, de roseaux,
de paille, que sais-je! l'idée ne m'en vint pas.

Le soleil commença à baisser. La nuit allait venir. Ce
n'était plus une nuit à la belle étoile que j'avais à passer,
sous une meule de foin, protégé par mes habits. Tout
nu, sur cette petite langue de sable, que faire! Le courant, en fuyant toujours devant mes yeux, avait fini par
me donner le vertige; je croyais voir déjà les bêtes im-
mondes de la nuit.

Il n'y avait plus guère que pour une heure de soleil
lorsque, sur la route, j'entendis un grand bruit de voitures qui semblaient se suivre, puis tout à coup le bruit
cessa : elles s'étaient arrêtées juste derrière moi. De ma
cachette, je ne pouvais voir sur la route; mais, à un
cliquetis de chaînes et de ferrailles je compris qu'on
dételait des chevaux. Un grondement, un mugissement,
un cri enfin que je ne connaissais pas, quelque chose de
plus nerveux que le hennissement du cheval, de plus
formidable que le braiement de l'âne, éclata, et les oiseaux, déjà perchés dans les buissons, s'envolèrent avec
des piaillements; un gros rat se jeta dans mes jambes et
se blottit au fond de son trou, dont j'obstruais l'entrée.

Au bout de quelques minutes, il me sembla qu'on
marchait dans la prairie au-dessus de moi : je ne me
trompais pas.

— J'ai une poule, dit une voix.

— Où l'as-tu prise?

— Avec une pierre au bout de mon fouet, je l'ai enlevée sur la route comme un poisson dans l'eau; c'est les
autres qui criaient!

— Faut la faire cuire.

— Si Cabriole nous voit, il nous la chipera et nous
n'aurons que les os.

Ce dialogue n'était guère encourageant ; mais précisément pour cela il me donna une audace désespérée que je n'aurais pas eue avec d'honnêtes gens.

Je me cramponnai des deux mains à la berge, et, passant ma tête à travers les tiges de houblon, je me haussai de manière à voir dans la prairie.

Les deux interlocuteurs, qu'à leurs voix rauques et cassées j'avais pris pour des hommes, étaient des enfants à peu près de mon âge. Cela m'enhardit tout à fait. Je me haussai un peu plus. Ma résolution était prise.

— Si vous vouliez... dis-je.

Ils se retournèrent et restèrent un moment sans voir d'où partait cette voix, car ma tête seule émergeait du feuillage, et, surpris, effrayés aussi, ils ne savaient trop s'ils devaient s'avancer ou se sauver.

— Ah ! cette tête ! dit l'un en m'apercevant.

— Un noyé, dit l'autre.

— Imbécile ! puisqu'il parle.

Au même instant, j'entendis du côté de la grande route une grosse voix qui criait :

— Allons ! fainéants, voulez-vous bien arracher de l'herbe ?

Je regardai, et à la file je vis trois longues voitures peintes en jaune et en rouge : — c'était une caravane de saltimbanques.

— Cabriole ! Cabriole ! crièrent les deux enfants.

— Eh bien ?

— Un sauvage, venez voir. Vrai !

Cabriole s'avança dans la prairie.

— Où est-il, ton sauvage ?

— Là, dans les feuilles.

Ils s'approchèrent tous les trois, et, en me regardant, ils éclatèrent de rire.

— Quelle langue parle-t-il, ton sauvage ? demanda celui qu'on avait appelé Cabriole.

— Le français, monsieur, dis-je en intervenant.

Et je leur contai mon aventure, qui leur parut plus plaisante qu'à moi ; ils riaient à se tordre.

— La Bouillie, dit Cabriole en s'adressant à l'un des enfants, va lui chercher un pantalon et une blouse.

En moins de deux minutes, la Bouillie fut revenu ; je ne perdis pas de temps à m'habiller, je sautai sur la berge.

— Maintenant, dit Cabriole, allons voir le patron.

Il me conduisit vers la première voiture, j'y montai par un escalier en planches. Autour d'un poêle, sur lequel mijotait un ragoût, j'aperçus un petit homme sec et ratatiné, et auprès de lui une femme si grande et si grosse qu'elle me fit peur.

Il me fallut recommencer mon histoire, et les rires m'accompagnèrent de nouveau.

— Ainsi tu allais au Havre t'embarquer ? dit le petit homme.

— Oui, monsieur.

— Comment vas-tu me payer mon pantalon et ma blouse ?

Je restai un moment sans répondre : puis, prenant tout mon courage :

— Si vous voulez, je pourrai travailler pour vous.

— Qu'est-ce que tu sais faire ? Sais-tu te disloquer ?

— Non.

— Sais-tu avaler un sabre ?

— Non.

— Sais-tu jouer de la trompette, du trombone, du tambour ?

— Non.

— Ah çà ! qu'est-ce qu'on t'a appris ? me dit-il ; ton éducation a été singulièrement négligée, mon garçon.

— Triste acquisition ; c'est bâti comme tout le monde, dit la grande femme en m'examinant des pieds à la tête, et ça parle de travailler dans la banque.

Elle haussa les épaules et détourna les yeux avec mépris. Ah ! si j'avais été un monstre, si j'avais eu deux têtes ou trois bras... Mais bâti comme tout le monde, quelle honte !

— Sais-tu soigner les chevaux ? demanda le petit homme sans se troubler.

— Oui, monsieur, j'essaierai.

— Allons ! c'est toujours ça ! à partir d'aujourd'hui tu es engagé dans la ménagerie du comte de Lapolade, célèbre, j'ose le dire, autant par la beauté des animaux qu'elle renferme que par le courage de l'illustre Diélotte, Diélotte, notre fille, qui les a domptés. Suis Cabriole, il te montrera ce qu'il y a à faire, et reviens dans une heure pour le souper.

Dans ma position, je n'avais pas le choix d'un état. Je ne pouvais me montrer difficile. J'acceptai comme un bienfait l'étrange ressource qui m'était offerte.

X

Me voici donc saltimbanque, ou, pour parler avec moins de vanité, domestique des chevaux de la caravane de M. le comte de Lapolade.

Mon patron n'était point, comme on aurait le droit de le supposer, un comte de fantaisie ; il avait des parchemins parfaitement authentiques qu'il exhibait volontiers dans les grandes occasions et qui lui donnaient le droit de porter ce titre. Après une vie troublée par tous les vices et toutes les passions, il en était descendu là. Pour mettre le comble à sa dégradation, il avait, dans une heure suprême de détresse, épousé la grande femme qui m'avait si mal accueilli. Célèbre dans toutes les foires de l'Europe sous le nom de la *forte Bordelaise*, bien qu'elle fût Auvergnate de naissance, elle avait dans sa jeunesse occupé la haute position de phénomène, c'est-à-dire de femme colosse. Une toile la représentait en robe rose, posant délicatement sur un tabouret sa jambe immense chaussée d'un bas blanc; une autre la montrait en spencer de velours bleu, un fleuret à la main, ayant pour adversaire un brigadier de carabiniers moins grand qu'elle, avec cette inscription en lettres d'or : « *A vous, monsieur le militaire.* »

Elle avait, à ce métier, gagné une assez belle somme qui avait tenté de Lapolade. Celui-ci n'avait pour fortune que son talent d'*aboyeur*, mais ce talent était remarquable; personne, dans la banque, n'était de sa force pour faire à la porte un boniment irrésistible; sa réputation égalait celle de Mangin et de Turquetin. La forte Bordelaise et lui s'étaient associés, et ce beau couple avait acheté une ménagerie qui, pendant les premières années, avait rivalisé avec celle du célèbre Huguet de Massilia. Mais ce qui faisait la force de Lapolade faisait aussi sa faiblesse : sa bouche lui coûtait cher, il était ivrogne et gourmand.

Quelques animaux mal soignés, plus mal nourris, étaient morts, d'autres avaient été vendus; et, au moment de mon entrée dans la caravane, elle ne se composait que d'un vieux lion, de deux hyènes, d'un serpent, d'un cheval savant, qui le jour traînait la voiture, et le soir disait quelle était la personne la plus bête de la société.

Au souper, je fis la connaissance du personnel humain : outre M. et Mme de Lapolade, il se composait de Cabriole, le pître, de la Bouillie, du second enfant que j'avais déjà vu et qu'on appelait Filasse, de deux Allemands, l'un jouant de la clarinette, Hermann, l'autre du tambour, Carolus; enfin de l'illustre Diélette, qui était une petite fille de onze à douze ans, à l'apparence frêle et nerveuse, avec des grands yeux d'un bleu de pervenche.

Bien que simple domestique, je fus admis à la table de ces fameux personnages.

Le mot *table* n'est peut-être pas très-exact pour désigner la chose sur laquelle le couvert était mis : c'était une longue et large caisse en bois blanc qui occupait le milieu de la voiture ; elle servait à un triple usage ; dedans, on serrait les costumes ; dessus, à l'heure des repas, on posait les assiettes ; la nuit, un matelas qui était le lit à Diélette. Autour de cette caisse, deux autres plus étroites étaient alignées : c'étaient des bancs pour la troupe, car seuls M. et Mme Lapolade avaient des chaises.

Ainsi meublé, ce premier compartiment de la voiture avait pourtant bon air, et beaucoup de logements parisiens n'ont point une aussi grande salle à manger. Une porte vitrée à deux vantaux ouvrait sur la galerie extérieure, et par deux petites fenêtres garnies de rideaux rouges, drapés, on apercevait les arbres de la route.

Il me fallut recommencer le récit de mon histoire ; ce que je fis en ne nommant toutefois ni ma mère, ni mon oncle, ni mon véritable pays. Quand j'arrivai à l'épisode du gendarme, Diélette déclara que j'étais un nigaud, et qu'à ma place elle se serait bien amusée : les deux musiciens approuvèrent cette crânerie, non en paroles, — ils ne parlaient jamais, — mais par trois éclats, à l'unisson, de ce rire formidable qui n'appartient qu'aux Bavarois.

Lorsque le souper fut terminé, il restait encore quelques lueurs lumineuses au ciel.

— Allons, mes enfants, dit Lapolade, profitons du jour qui reste pour nous disloquer un peu ; ne nous rouillons pas les muscles.

Et il se plaça sur la galerie extérieure de la voiture, où Diélette lui apporta sa pipe allumée, tandis que Filasse et la Bouillie descendaient sur l'herbe du chemin une petite boîte à couvercle. Alors Filasse défit sa blouse, et, après avoir secoué sa tête comme s'il voulait s'en débarrasser, s'être étiré les bras et les jambes, il ôta le couvercle et se fourra dans la boîte, où il disparut. Je fus émerveillé, car elle était si petite, que je n'aurais pas osé y mettre un enfant d'un an.

C'était le tour de la Bouillie ; malgré tous ses efforts, il ne put disparaître dans la boîte ; du haut de sa galerie, Lapolade lui cingla sur les épaules un vigoureux coup de fouet.

— Tu as encore trop mangé, dit-il ; demain je te rationnerai.

Puis se tournant vers moi :

— Allons ! à toi maintenant.

Je fis trois ou quatre pas en arrière pour me mettre hors de la portée du fouet.

— Là-dedans ? dis-je.

— Pas encore, mon garçon ; montre-nous seulement ce que tu peux faire et saute-moi ce fossé-là.

Il était large et profond, le fossé ; je sautai deux pieds plus loin qu'il n'était nécessaire.

Lapolade se montra très-satisfait et déclara que je réussirais dans le trapèze.

La première voiture était celle des patrons, la seconde celle des bêtes ; la troisième servait de dortoir à la troupe et de magasins pour les accessoires. Comme il n'y avait pas de lit pour moi dedans, on me donna deux bottes de paille, et je m'en fis un, dessous.

Bien que cette couche fût meilleure que celle de mes nuits précédentes, je restai longtemps sans m'endormir. Les lumières s'éteignirent, les bruits cessèrent ; bientôt je n'entendis plus dans le calme profond du soir que le piétinement des chevaux qui, attachés contre les voitures, tiraient sur leur longe pour pincer autour d'eux l'herbe poudreuse du chemin ; de temps en temps, dans la ménagerie, j'entendais le souffle puissant du lion, soupirant plaintivement, comme si le silence et la chaleur de cette nuit d'été lui eussent rappelé les solitudes africaines, et parfois aussi j'entendais sa queue battre impatiemment ses flancs, comme si une lueur de courage, surgissant dans sa volonté abrutie, lui eût parlé de révolte et de liberté.

7.

Il était dans une cage solidement fermée ; moi, j'étais
en plein air. Un moment, je pensai à en profiter pour
continuer ma route ; mais ces vêtements donnés par Lapolade, il fallait les emporter. C'eût été les voler. Alors,
dans ma conscience, je ratifiai l'engagement que j'avais
pris de servir mon nouveau maître ; après tout, il ne serait pas plus dur que mon oncle, et le jour où je lui aurais payé en travail ce que je lui devais, je serais libre.

La caravane allait à Falaise, à la foire de Guibray : ce
fut là que, pour la première fois, je vis Diélette entrer
dans la cage du lion, et que j'entendis Lapolade faire son
boniment.

Les costumes avaient été tirés des coffres ; Diélette,
par-dessus son maillot, avait revêtu une robe d'argent
pailletée d'or ; sur sa tête était posée une couronne de
roses. Mes camarades Filasse et la Bouillie étaient en
diables rouges ; les deux Allemands en lanciers polonais
avec des plumets qui leur retombaient dans les yeux.
Pour moi, on m'avait teint en nègre, les bras jusqu'au
coude, la tête jusqu'à la poitrine ; je représentais un esclave africain venu du désert avec le lion, et il m'était
défendu de dire un seul mot de français. A toutes les in-
terpellations, je devais me contenter de répondre par un
sourire qui montrât mes dents. Ma mère elle-même m'eût
vu sous ce déguisement qu'elle ne m'aurait pas reconnu.
C'était ce que Lapolade avait surtout voulu, n'étant pas
bien certain que dans la foule ne se trouverait pas quelqu'un de mon pays.

Depuis deux heures nous faisions un vacarme à exas-
pérer un sourd ; Cabriole avait fini sa parade, Diélette
avait dansé un pas avec la Bouillie, lorsque Lapolade
parut sur l'estrade en costume de général. La foule que
nous avions amassée était compacte ; mes yeux étaient
réellement éblouis par la blancheur des bonnets de coton
qui coiffaient toutes les têtes normandes tendues vers
nous. Le général fit un geste, la musique cessa.

Alors se penchant vers moi et me tendant le cigare qu'il était en train de fumer :

— Entretiens-le-moi, dit-il, pendant que je vais parler.

Je le regardais ébahi, lorsque je reçus par derrière un coup de pied.

— Est-il bête, ce moricaud-là ! cria Cabriole ; le patron lui offre un cigare et il fait la petite bouche !

Le public daigna trouver cette plaisanterie fort drôle, et il éclata de rire en applaudissant.

Je n'avais jamais fumé ; je ne savais même pas s'il fallait aspirer ou souffler, mais ce n'était pas le moment d'entrer dans des explications : d'une main Cabriole me tirait le menton, de l'autre il me relevait le nez, et, dans ma bouche ouverte, Lapolade introduisait subitement son cigare. Assurément mes grimaces étaient fort comiques, car les paysans se tenaient les côtes.

Le général leva son chapeau empanaché ; le silence se fit.

— Vous voyez devant vous, dit-il, le célèbre Lapolade.

— Qui ça, Lapolade ? Ce charlatan en habit de général ?

— Lui-même. — Et pourquoi, vous demandez-vous, un homme si illustre s'habille-t-il d'une façon si ridicule ?— Pour vous plaire, mes seigneurs, et parce que, si vous êtes tous, pris en particulier, d'honnêtes gens, réunis en public, vous pouvez n'être que des imbéciles.

Il y eut un mouvement de mauvaise humeur dans la foule et quelques murmures.

Lapolade, sans perdre de son assurance, me prit son cigare, en aspira quelques bouffées, puis, à mon grand désespoir et à mon grand dégoût, me le remettant entre les lèvres :

— Hé ! là-bas, vous, monsieur, continua-t-il, oui, l'homme au casque à mèche et au nez rouge, pourquoi murmurez-vous? C'est parce que j'ai dit que chez vous vous étiez un honnête homme, et sur cette place un imbécile? Eh bien, je vous fais mes excuses; chez vous, vous êtes un farceur, et sur cette place un malin.

La foule trépigna de joie, puis, quand l'émotion fut un peu calmée, il reprit :

« — Donc, si je n'étais pas déguisé en général, au lieu d'être là tous devant moi la bouche ouverte, les yeux ronds comme des billes, à me regarder, vous passeriez votre chemin.

« Mais je connais l'humanité, et sais par quelles sottises il faut la prendre. J'ai donc été chercher en Allemagne ces deux musiciens illustres que vous voyez d'ici. J'ai engagé dans ma troupe le célèbre Filasse dont la gloire vous est assurément connue, la Bouillie que voici, et enfin le prodigieux Cabriole dont je n'ai rien à dire puisque vous l'avez entendu. Alors vous vous arrêtez, votre curiosité est excitée, et vous vous demandez : « Qu'est-ce qu'il montre, celui-là ? »

« Allons, messieurs les musiciens, un petit air de musique. »

Cette parade, qu'il variait selon le pays et les auditeurs, je pourrais vous la répéter mot pour mot, car je la retrouve encore entière dans ma mémoire. C'est inouï comme certaines absurdités peuvent se graver dans un cerveau alors même qu'il est si difficile aux bonnes choses de s'y fixer.

Cependant je n'entendis bien clairement ce jour-là que la première partie ; la fumée du cigare m'avait tourné le cœur et j'étais dans un véritable état d'hallucination et d'hébétement quand je passai dans la baraque. Suivant le rôle qui m'avait été attribué, je devais ouvrir les cages au moment où Diélette y entrerait.

Ce fut à travers une sorte de brouillard que je la vis venir à moi : d'une main elle tenait une cravache, de l'autre elle envoyait des baisers au public. Dans leurs cages, les hyènes tournoyaient d'un pas lent et boiteux ; dans la sienne, la tête appuyée sur les pattes, le lion semblait dormir.

— Ouvre la porte, esclave ! me dit-elle.

Et elle entra. Le lion ne bougea pas. Alors de ses petites mains elle lui prit les deux oreilles et tira dessus de toutes ses forces pour lui soulever la tête; il ne bougea pas. L'impatience la prit, et elle lui cingla un coup de cravache sur l'épaule. Comme s'il eût été poussé par un ressort, il se dressa sur ses deux pattes de derrière, en poussant un rugissement si épouvantable que je sentis mes jambes trembler; la peur s'ajoutant aux vapeurs qui me soulevaient l'estomac, à l'ivresse du tabac qui faisait tout tournoyer en moi et autour de moi, le cœur me manqua tout à fait, et je tombai à terre.

C'était un habile homme que Lapolade, et qui savait profiter des moindres incidents.

—Voyez quelle est la férocité de cette bête ! s'écria-t-il ; son rugissement seul fait évanouir les enfants de son pays.

Mon malaise était si évident pour tout le monde que le public, bien certain que ce n'était pas là une scène préparée à l'avance, éclata en longs applaudissements, tandis que Cabriole m'emportait dans ses bras pour aller me jeter comme un paquet de hardes derrière la baraque.

Pendant toute la représentation, je restai là, horriblement malade, incapable de faire un mouvement, sensible cependant à ce qui se passait autour de moi, aux rugissements du lion, aux cris des hyènes, aux bravos du public.

Puis j'entendis le piétinement de la foule qui sortait, et quelques instants après je me sentis tirer par le bras. C'était Diélette; elle tenait à la main un verre.

— Tiens, bois ça, dit-elle, c'est de l'eau sucrée; es-tu bête d'avoir eu peur pour moi ! Mais c'est égal, tu es un bon garçon.

C'était la première parole qu'elle m'adressait depuis mon entrée dans la troupe; cette marque de sympathie me fit du bien; il me sembla que j'étais moins seul; Filasse et la Bouillie s'étaient associés pour me jouer tous les mauvais tours de leur sac, et j'étais heureux de rencontrer une camarade.

Le lendemain, je voulus la remercier; elle me tourna
le dos sans m'écouter, et elle ne m'adressa plus une seule
parole ni un seul regard. Il fallut en revenir de mes idées
d'amitié; alors, comme je commençais à en avoir assez de
cette vie où les coups de pied pleuvaient, et comme je
commençais à trouver qu'à soigner des chevaux, à nettoyer
les cages des bêtes dans le jour, à faire le nègre la nuit,
j'avais bien gagné le mauvais pantalon de toile et la blouse
qu'on m'avait donnés, je pensai à abandonner la caravane, pour continuer mon voyage vers le Havre. Pauvre maman! était-ce pour rester avec ces saltimbanques
que je l'avais quittée? Ah! si elle me voyait, si elle savait
la vérité!

La saison s'avançait; les nuits devenaient froides, les
journées étaient souvent pluvieuses; il serait bientôt impossible de coucher à la belle étoile en plein champ. Il
fallait se hâter, et cela d'autant mieux qu'en quittant
Guibray nous devions descendre vers la Loire, et ainsi
nous éloigner du Havre.

Cependant, comme je ne voulais pas m'aventurer sans
avoir pris mes précautions, je fis provision de toutes les
croûtes que je pus économiser, et j'employai le temps
que j'avais de libre à me fabriquer des souliers avec de
vieilles tiges de bottes. Mon plan était arrêté. La première
nuit où la caravane serait en route, je me sauverais.

La veille du jour fixé pour mon départ, j'étais en train
de travailler à ces souliers lorsque Diélette me surprit.

— Tu veux te sauver, dit-elle à voix basse.

Je fis un geste pour l'interrompre.

— Depuis huit jours, je te guette, continua-t-elle; tu
as une provision de pain sous le coffre à l'avoine et c'est
pour quelque chose; mais n'aie pas peur, je ne te trahi-
rai pas, et, si tu veux, je me sauverai avec toi.

— Quitter ton père? lui dis-je avec l'accent de quelqu'un
qui savait ce que c'était qu'abandonner ses parents.

— Mon père? fit-elle... Ces gens-là ne sont ni mon père

ni ma mère; mais on pourrait nous surprendre ici; va m'attendre dans les fortifications, je tâcherai d'aller te rejoindre; si tu es un bon garçon, tu m'aideras et je t'aiderai.

Je restai plus de deux heures à me promener dans les fossés, sans la voir arriver, et je commençais à croire qu'elle avait voulu se moquer de moi, quand elle parut.

—Viens nous cacher là-bas dans les coudriers, dit-elle; il ne faut pas qu'on nous voie ensemble, ou bien ils se douteraient de quelque chose.

Je la suivis et quand nous fûmes enfoncés dans un épais buisson de coudriers et d'aulnes, bien cachés à tous les yeux, elle s'arrêta.

—D'abord, dit-elle, il faut que je te conte mon histoire; ça te fera comprendre pourquoi je veux me sauver.

Bien que nous fussions du même âge, Diélette avait, en me parlant, le ton d'autorité qu'une grande personne prend avec un enfant, et je ne comprenais pas très-bien comment, étant si assurée, elle avait besoin de l'aide d'un chétif tel que moi; mais comme je me sentais pour elle une vive sympathie, comme surtout elle était maîtresse de mon secret, je ne regimbai pas et j'entrai tout de suite dans mon rôle de confident.

— Lapolade n'est pas mon père, continua-t-elle; mon père, je ne l'ai pas connu, il était mort que j'étais encore en nourrice. Ma mère était marchande de mercerie à Paris, dans une rue auprès des Halles. Je ne me souviens pas du nom de ma mère, je ne me souviens pas non plus du nom de la rue qu'elle habitait. Tout ce que je me rappelle, c'est que maman était une belle jeune femme avec des grands cheveux blonds, si longs, si longs que le matin, quand nous jouions, mon frère et moi, sur son lit, nous pouvions nous cacher dessous comme sous un buisson.

« Elle nous aimait beaucoup, nous embrassait toujours et ne nous battait jamais. Mon frère était un peu plus grand que moi; il se nommait Eugène. Dans notre rue, il passait beaucoup de voitures; le matin, il y avait sur le pavé des tas de choux, de carottes, de légumes de toutes sortes, et, du seuil de la porte, on voyait en face, contre une haute église, un beau cadran doré; au-dessus, il y avait une petite tour et sur cette tour de grands bras noirs qui, toute la journée, se remuaient de côté et d'autre. Quand j'ai, l'année dernière, parlé de ça à un paillasse de la troupe de Masson qui venait de Paris, il m'a dit que cette église était l'église Saint-Eustache, et que ces grands bras noirs étaient un télégraphe.

« Comme maman travaillait toute la journée, elle ne sortait presque jamais avec nous, et elle nous faisait promener par une apprentie. Un jour, c'était dans l'été, car il faisait chaud, et il y avait beaucoup de poussière dans les rues, on m'emmena à la foire aux pains d'épice; c'est une foire qui se tient à la barrière du Trône; tu as dû en entendre parler depuis que tu es dans la caravane. Je ne me rappelle pas pourquoi mon frère n'était pas avec nous, mais enfin il était resté à la maison.

« C'était la première fois que je voyais des saltimbanques, cela m'amusa beaucoup. Je voulais entrer dans toutes les baraques, mais l'apprentie n'avait pas d'argent, et moi je n'avais que quatre sous, qui m'avaient été donnés pour acheter des gâteaux; elle me les prit, et nous entrâmes dans un *entre-sort*.

— Qu'est-ce que c'est que ça?

— Es-tu bête! tu ne sais pas ce qu'est qu'un *entre-sort!* Qu'est-ce que tu sais donc? Enfin, c'est une baraque où l'on montre un phénomène, une femme colosse, un phoque savant, ou autre chose.

« Dans celle-là, on montrait deux phoques dans une cuve. Je ne sais pas comment cela se fit, mais l'apprentie causa avec l'homme de *l'entre-sort*, il me regardait beaucoup, il disait que j'étais très-gentille. Il sortit avec nous et nous allâmes chez un marchand de vins, dans une petite salle sombre où il n'y avait personne. Moi, j'étais lasse, j'avais chaud, et pendant qu'ils buvaient du vin sucré dans un saladier je m'endormis.

« Quand je me réveillai, il faisait presque nuit, et l'apprentie n'était plus là.

« Je demandai à l'homme où elle était; elle me dit que si je voulais nous allions la rejoindre. Je le suivis. Il y avait beaucoup de monde sur les trottoirs, les baraques étaient illuminées, et toutes les musiques jouaient. Il me prit par la main et me fit marcher très-vite en me tirant.

« Bientôt nous sortîmes de la foule; nous étions sur une route très-large, bordée de chaque côté par des avenues d'arbres; il n'y avait presque plus de lumières et seulement çà et là quelques maisons.

« Je commençais à avoir peur; l'homme sentit que je me faisais tirer plus fort; il me proposa de me porter, je refusai; il voulut me prendre dans ses bras, je criai; des soldats passaient, ils s'arrêtèrent.

« — Pourquoi criez-vous? me dit-il; nous allons rejoindre votre maman.

« Je recommençai à marcher; la route me semblait bien plus longue qu'en venant, et puis je ne la reconnaissais pas; nous passâmes devant de grandes murailles sombres et une grande porte où il y avait des soldats en sentinelle, et nous entrâmes dans un bois qui ne finissait pas. J'eus tout à fait peur et je m'arrêtai.

« — Veux-tu bien marcher, mauvaise peste! me dit l'homme avec sa grosse voix, ou tu vas avoir affaire à moi.

« Il ne passait personne, il me tirait très-fort, je le suivis en pleurant. Dame! tu comprends, je n'avais pas encore cinq ans, je n'étais pas brave et puis je pensais à maman.

« Je ne sais pas combien de temps il me fit marcher, seulement j'étais bien lasse quand nous aperçûmes les lumières d'un village; à l'entrée, sur une place, contre

le mur du bois, il y avait des voitures de saltimbanques;
nous entrâmes dans une de ces voitures. Nous y fûmes
reçus par une femme sans jambes qui buvait de l'eau-
de-vie.

« Il lui parla bas à l'oreille, et tous deux ils me regar-
dèrent beaucoup.

« — Tu n'y vois donc pas ? dit la femme; elle a un
signe à la joue. »

« Ce signe, c'était une petite groseille rose, là où
maintenant il y a un petit trou.

« — Baste ! dit l'homme, on le fera bien disparaître.»

« La peur me reprit et je demandai où était maman.

« — Elle viendra demain matin, mon petit cœur, dit
la femme; aujourd'hui il faut être bien sage et se coucher.

« — Elle a peut-être faim, dit l'homme.

« — Eh bien! on va lui donner à manger, à ce chéri.»

« Ce fut alors que je m'aperçus que la femme n'avait
pas de jambes; elle marchait en tournoyant et en s'ap-
puyant sur les mains. Cela m'étonna beaucoup et ne me
rassura guère; mais comme elle me donna de bonnes
choses pour souper, des petits pois très-gros, sortant de
la marmite, je mangeai très-bien.

« — Très-gentille, cette petite! dit la vieille femme en
voyant que je dévorais ces petits pois sans sel et sans
beurre; pas difficile pour la nourriture! »

« Elle ne savait pas que c'était là pour moi un régal
sans pareil, qui m'était défendu à la maison, le médecin
ne me permettant que la viande rôtie parce que j'étais
souvent malade.

« — Maintenant il faut se coucher, dit-elle quand
j'eus fini. »

« Et elle tira un rideau en toile à matelas qui cachait
le fond de la voiture; derrière étaient deux lits.

« De vrai, c'était très-drôle de coucher dans une voiture. Je m'endormis parfaitement.

« Quand je m'éveillai, il me sembla que mon lit dansait; je crus que je rêvais, mais j'étais balancé à droite et à gauche, et j'entendais un bruit de grelots et de chaînes. Au-dessus de mon lit il y avait une petite fenêtre par laquelle la lumière entrait; je me mis à genoux et je regardai : il faisait à peine jour et les arbres défilaient devant la fenêtre; au loin, par-dessus une prairie, on apercevait une rivière. Je compris que mon lit et ma chambre marchaient, la mémoire me revint. Je me mis à appeler : « Maman! maman! » Une grosse voix, que je ne connaissais pas, me répondit :

« — Nous allons au-devant d'elle. »

« Mais j'avais très-peur, je criai plus fort.

« Alors un homme que je n'avais pas encore vu entra dans la voiture; il était très-grand, et sa tête coiffée d'un bonnet de police touchait le plafond de la voiture.

« — Si tu cries, je te tue. »

« Tu penses quels cris je poussai; mais il s'avança vers moi, les bras étendus; je crus qu'il allait m'étrangler, et je tâchai de renfoncer mes cris.

« Aussitôt qu'il fut sorti, je cherchai mes vêtements pour m'habiller; je ne les trouvai pas, et, n'osant pas les demander, je restai sur le lit.

« La voiture roula longtemps, tantôt sur du pavé, tantôt sur du sable; par la fenêtre, je voyais que nous traversions des villages. Enfin elle s'arrêta et la femme sans jambes entra.

« — Maman? où est maman? lui dis-je.

« — Tantôt, mon petit cœur. »

« Elle parlait doucement, cela m'encouragea.

« — Je voudrais me lever.

« — C'est ce que je venais te proposer : voici tes vêtements. »

« Et elle me montra une mauvaise robe.

« — Ce n'est pas ma robe.

« — C'est celle qu'il faut mettre. »

« J'eus envie de me révolter et de la déchirer en morceaux, cette guenille; mais la femme sans jambes me regarda d'une façon si intelligible que j'obéis.

« Lorsque je fus habillée avec cette vilaine robe, la voiture s'arrêta, et la femme sans jambes me dit que je pouvais descendre. Nous étions au milieu d'une grande plaine, et tout autour de nous, aussi loin que le regard s'étendait, on ne voyait que des champs verts; l'homme au bonnet de police avait allumé du feu sur la grande route et à trois bâtons, réunis en faisceau, était suspendue une marmite. J'avais très-faim, cela me fit plaisir d'entendre la marmite chanter.

« La femme sans jambes était restée dans la voiture; l'homme alla la prendre dans ses bras et la descendit sur la route.

« — Le signe? dit-elle en me regardant.

« — Tiens! c'est vrai, je n'y pensais plus. »

« Alors le méchant homme me prit entre ses jambes en me serrant contre lui et il me tenait les bras si fort qu'il m'était impossible de remuer. La femme sans jambes me releva alors la tête d'une main, et de l'autre, avec des ciseaux qu'elle tenait ouverts, elle me coupa la petite groseille de ma joue.

« Le sang jaillit, m'emplit la bouche et inonda ma robe; je crus qu'elle voulait me tuer et je me mis à pousser des cris terribles en tâchant de la mordre. Sans se troubler elle me mit sur la joue quelque chose qui me brûlait et le sang s'arrêta.

« — Laisse-la aller maintenant, » dit-elle à l'homme.

« Elle croyait que j'allais me sauver. Ah bien oui! Je sautai sur elle et la frappai de toutes mes forces.

« Je crois qu'elle m'aurait étranglée si l'homme ne m'avait prise et jetée dans la voiture, où il m'enferma.

« On m'y tint toute la journée sans manger; le soir seulement ils m'ouvrirent la porte. Ma première parole fut pour demander maman.

« — Elle est morte, » me dit la femme sans jambes.

« J'avais réfléchi pendant tout le temps que j'avais été enfermée.

« — Ce n'est pas vrai, maman n'est pas morte, vous êtes une voleuse. »

« Elle se mit à rire, ce qui m'exaspéra.

« Pendant trois semaines ou un mois, je restai avec la femme sans jambes et l'homme au bonnet de police. Ils avaient cru qu'ils me dompteraient, comme on dompte les animaux, par la faim, mais ils ne purent pas y arriver. Pour manger, je faisais ce qu'ils voulaient; mais quand j'avais mangé, je ne faisais plus rien. La femme sans jambes savait bien que je ne lui pardonnerais jamais l'opération qu'elle m'avait faite à la joue, et quelquefois elle disait qu'elle avait peur de moi, que j'étais capable de lui donner un coup de couteau.

« Nous étions arrivés dans un pays dont je ne sais pas le nom, mais où le pain se dit *brod* et où il y a beaucoup de rivières; alors, voyant qu'ils ne pouvaient rien tirer de moi, ils me vendirent à un aveugle, qui n'était pas plus aveugle que toi, mais qui faisait semblant d'avoir perdu les yeux pour mendier. Toute la journée, il fallait rester sur un pont et tendre la main. Heureusement il avait un caniche et, le soir à la maison, je pouvais jouer avec ce chien; sans cela, je serais morte de chagrin.

« Je n'avais pas du tout de disposition pour mendier, et comme je ne voulais pas tourmenter les gens qui ne me donnaient rien et les suivre en pleurant, je recevais des coups de bâton tous les jours. Fatigué de me battre, l'aveugle me revendit à des musiciens ambulants pour faire la quête pendant qu'ils jouaient.

« En avons-nous parcouru, du pays ! j'ai vu l'Angleterre, et aussi l'Amérique, où il fait si froid qu'on se promène dans des voitures sans roues qui glissent sur la neige. Il faut traverser la mer pour y arriver, et on est plus d'un mois en bateau.

« Les musiciens me vendirent à Lapolade à notre rentrée en France. Il m'avait acheté pour faire de la suspension, et, en attendant, je donnais à manger aux bêtes ;
dans ce temps-là, nous avions trois lions ; il y en avait
un qui était très-méchant, et qui tout de suite était
devenu très-doux avec moi ; quand je lui apportais son
dîner, il me léchait les mains.

« Un jour, ennuyé de ce que je ne parvenais pas à
exécuter un tour difficile, Lapolade me donna une correction ; je criais tant que je pouvais. C'était devant la
cage de mon lion ; voilà que ce bon lion se fâche de me
voir battre, il allonge la patte à travers les barreaux,
happe Lapolade par l'épaule, et le tire à lui. Lapolade
tâche de se sauver, mais le lion avait enfoncé ses griffes
dans la peau et il tenait bien. Si on n'était pas venu avec
des bâtons de fer, Lapolade y serait resté.

« Il en fut deux mois malade, mais ça lui donna l'idée
de me faire entrer dans les cages.

« — Puisque les lions sont tes amis, me dit madame,
ils ne te mangeront pas ; d'ailleurs le gros te défendrait.»

« Moi j'aimais mieux ça que la suspension, et c'est
depuis ce temps-là que « l'illustre Diélette dompte par
ses charmes les féroces enfants du désert », comme dit
la parade. Est-il bête avec ses féroces enfants du désert !
ils sont plus doux que des chiens. Ah ! si mon pauvre
gros Rougeaud n'était pas mort, tu verrais ! Je les mettais tous les trois dans la même cage ; je donnais des
coups de cravache aux deux autres tant que je pouvais,
et quand ils commençaient à être en colère, je disais à
Rougeaud : «Défends-moi.» Aussitôt il se plaçait en avant
avec un rugissement si terrible que tout le monde tremblait. Alors je faisais semblant de m'évanouir ; il me léchait la figure ; on ouvrait la grille ; il m'emportait dans
sa gueule. Si tu avais vu comme on applaudissait ; et
des bouquets et des gâteaux, et les belles dames qui
m'embrassaient !

« J'avais tant de succès qu'on proposa à Lapolade d'aller à Paris. Pense si je fus contente : à Paris, je saurais bien m'échapper et retrouver maman.

« Mais au moment de partir, voilà Rougeaud qui tomba malade ; c'était l'hiver, et il était si frileux qu'il tremblait toujours. Ah ! je l'ai bien soigné, va ! je couchais avec lui sous les couvertures ; malgré ça, il est mort tout de même.

« Jamais je n'ai eu autant de chagrin ; on a cru que j'en mourrais. La caravane n'alla pas à Paris, et il fallut renoncer à revoir maman.

« J'ai bien depuis pensé à me sauver ; mais, toute seule, je n'ose pas, et Filasse et la Bouille, je n'ai pas confiance en eux. Toi, tu n'es pas de la banque, veux-tu m'aider à retrouver maman ? tu verras comme elle sera contente et comme elle t'embrassera. »

Paris, ce n'était pas le Havre ; à mon tour, je contai à Diélette mon histoire vraie.

— Eh bien ! viens toujours à Paris, dit-elle ; maman te paiera ton voyage au Havre et nous irons te conduire.

J'essayai encore de lui faire comprendre combien il était difficile de vivre sur les grandes routes : comment manger ? comment coucher ?

— J'ai sept francs huit sous, dit-elle ; ils nous serviront à manger ; nous coucherons dehors ; si tu es près de moi, je n'aurai pas peur.

Cette marque de confiance, en me rendant très-fier, me décida tout à fait : au reste, Diélette était une petite personne à laquelle on ne résistait pas, et elle avait une façon de vous regarder, avec ses grands yeux bleus pleins de timidité et de hardiesse, de candeur et d'expérience, de douceur et de dureté, qui ne souffrait pas le refus ou la contradiction.

Il fut donc décidé qu'à Orléans nous abandonnerions la caravane.

—Jusque-là, dit-elle, devant le monde je ne te parlerai pas ; tu es trop enfant, tu te trahirais.

Je fis la grimace. Elle comprit que j'étais peu flatté de ce compliment.

— Donne-moi une poignée de main, dit-elle, c'est parce que tu es bon enfant que j'ai confiance en toi.

IX

C'était un samedi, jour de marché, et les rues étaient pleines de paysans ; sur la grande place que je traversais pour regagner mes voitures, j'aperçus Filasso et la Bouillie arrêtés devant Turquetin, qui, au son de la grosse caisse et du trombone, arrachait les dents avec tant de rapidité qu'on les voyait voler en l'air comme s'il eût joué avec des osselets.

Tout jeune alors, Turquetin n'avait point encore la célébrité que trente années de batailles contre les mâchoires normandes, plus braves que solides, lui ont si justement acquise ; mais déjà sa sûreté de main, surtout sa bonne humeur narquoise et gouailleuse, l'avaient rendu populaire dans tous les départements de l'Ouest ; la foule était compacte autour de sa voiture.

Mauvais gymnasiarque, la Bouillie était un très-remarquable escamoteur, et son grand plaisir était de pratiquer son art en jouant des tours plus ou moins gais aux paysans ; quand je le vis au milieu du public de Turquetin, je pensai bien qu'il était là pour s'amuser, et je restai pour savoir quelle malice il allait inventer : seulement, comme plus d'une fois, à ce jeu, il avait récolté des claques, je me tins prudemment à l'écart.

Bien m'en prit.

Ce jour-là, le jeu, pour mes deux camarades, consistait à prendre leur tabatière aux gens qui prisaient, et leurs mouchoirs à ceux qui ne prisaient pas. Naturellement c'était la Bouillie, qui, avec sa dextérité de main, était chargé de fouiller les poches. Le rôle de Filasse consistait, quand on lui passait une tabatière, à remplacer le tabac par du marc de café, et, quand on lui passait un mouchoir propre, à le barbouiller de tabac.

Attentifs au boniment de Turquetin, les yeux attachés sur le malheureux patient, qui attendait qu'on voulût bien l'opérer, les oreilles pleines du bruit de la grosse caisse ou des éclats de voix du charlatan, insensibles à tout le reste, les paysans se laissaient fouiller comme s'ils eussent été des mannequins inanimés.

Déjà plusieurs avaient tiré leurs mouchoirs et avaient éternué avec frénésie, au grand contentement des deux complices, qui se tordaient de rire ; d'autres, après avoir prisé, regardaient leur tabatière avec une surprise véritablement si comique que l'envie me gagna de prendre une part active à cette mystification.

Mais comme j'allais me joindre à mes camarades, je vis un gendarme se faufiler derrière la Bouillie et, au moment où celui-ci introduisait sa main dans la poche d'une vieille femme, le saisir au collet. Il y eut un grand mouvement dans la foule, une rumeur, et Filasse fut aussi arrêté.

Sans chercher à en voir davantage, je me dégageai des quelques personnes qui m'entouraient, et, tremblant de peur, je me hâtai de regagner notre campement, où je racontai ce qui venait d'arriver.

Une heure après, des gens de justice arrivèrent pour faire des perquisitions dans nos voitures. Naturellement on ne trouva rien, car mes deux camarades n'étaient pas des voleurs. Cependant on les garda en prison, et les explications de Lapolade, tendant à persuader les magistrats qu'il n'y avait là qu'une mauvaise plaisanterie de deux gamins, furent si mal reçues qu'il ne dut pas insister, de peur d'être arrêté lui-même comme complice, tout au moins comme recéleur. La police n'est pas douce aux saltimbanques ; et si un crime est commis dans un pays au moment où ils le traversent, ce sont eux, les premiers, qu'on accuse ; contre eux, il n'est pas nécessaire de prouver qu'ils sont coupables, et c'est à eux au contraire, de prouver qu'ils n'ont rien fait.

Filasse et la Bouillie, surpris les mains dans les poches des paysans, ne purent pas prouver qu'ils ne voulaient pas voler, et ils furent condamnés à la détention dans une maison de correction jusqu'à leur majorité.

Il fut décidé que, pour boucher le vide que leur absence faisait dans la troupe, je les remplacerais tous les deux. A cette proposition de Lapolade, je poussai les hauts cris, je n'avais aucune vocation pour me disloquer et m'enfermer dans les boîtes.

— Il n'est pas question de boîte, dit-il en me tirant les cheveux, ce qui chez lui était une caresse et un témoignage de bienveillance ; tu as de la souplesse, tu réussiras très-bien dans la voltige.

Ce fut à la foire d'Alençon que je débutai. Par malheur, mon éducation n'avait pu être poussée bien loin, et, quoique mes exercices fussent très-simples, ils donnèrent lieu cependant à un accident qui dérangea nos projets de fuite.

C'était un dimanche : nous avions commencé nos représentations à midi, et, sans une minute d'interruption, nous les avions continuées jusqu'au soir ; les musiciens desséchés pouvaient à peine souffler dans leurs instruments ; Lapolade ne poussait plus que quelques cris, qui étaient plutôt un aboiement qu'un boniment ; le lion ne voulait plus se lever, et, quand Diélette le menaçait de sa cravache, il attachait sur elle, sans bouger, ses yeux allanguis, qui demandaient grâce ; pour moi, j'étais mort de fatigue, j'avais faim, j'avais soif, je ne pouvais plus remuer ni les bras ni les jambes.

A onze heures, il y avait encore du monde devant notre

baraque, et Lapolade décida que nous devions donner une dernière représentation.

— Je ne connais que les plaisirs du public, dit-il dans sa courte parade ; nous sommes exténués, mais, dussions-nous tous mourir de fatigue, nous nous devons à votre curiosité. Entrez, entrez !

C'était par mes exercices que commençait le spectacle : ils consistaient en sauts périlleux par-dessus quatre chevaux et en tours de force au bout d'une perche que tenait Cabriole. Je réussis assez mal mes sauts, et le public murmura. Lorsque Cabriole me présenta la perche, j'eus la tentation de dire que je n'en pouvais plus, mais les yeux de Lapolade fixés sur moi avec une expression que je ne comprenais que trop, mon amour-propre, l'excitation de la foule me décidèrent ; je sautai sur les épaules de Cabriole et grimpai à la perche assez facilement.

Cabriole était, lui aussi, fatigué : au moment où, à la force du bras, je me dressais horizontalement, pour former un angle avec la perche, je la sentis vaciller ; mon sang s'arrêta ; j'ouvris les doigts et me laissai tomber en étendant les mains en avant.

La foule poussa un cri, je touchai la terre ; le coup fut rude, car je tombai d'une hauteur de cinq mètres, et sans la couche de sciure de bois, assurément je me serais brisé ; je sentis une violente douleur à l'épaule avec un petit craquement.

Je me relevai aussitôt et, comme je l'avais vu faire, je voulus saluer le public qui, debout sur les banquettes, me regardait avec anxiété ; mais je ne pus pas lever le bras droit.

On m'avait entouré ; tout le monde me parlait à la fois ; on m'étouffait ; je souffrais beaucoup et le cœur me manquait.

— Ce ne sera rien, dit Lapolade ; veuillez reprendre vos places, la représentation va continuer.

— Il ne pourra faire ça, dit Cabriole en levant ses deux bras au-dessus de sa tête; les bonnes âmes peuvent dormir tranquilles.

Et le public applaudit en riant formidablement.

En effet, pendant six semaines, je ne pus pas faire le geste indiqué par Cabriole, car j'avais la clavicule cassée.

Dans la banque, on a généralement peu recours aux médecins; ce fut Lapolade lui-même qui m'appliqua un bandage sur l'épaule quand la représentation fut finie. Pour tout remède interne, il me fit coucher sans souper.

J'habitais seul la voiture des bêtes. J'étais sur mon lit depuis plus de deux heures, sans pouvoir dormir, brûlé par une soif fiévreuse, me tournant, me retournant avec colère sans trouver une bonne position pour mon épaule, quand il me sembla qu'on ouvrait doucement la porte de la voiture.

— C'est moi, dit Diélette à voix basse, dors-tu?

— Non.

Elle entra vivement et, venant à mon lit, elle m'embrassa.

— C'est pour moi, me dit-elle; me pardonneras-tu?

— Quoi?

— Si je t'avais laissé partir, tu ne serais pas tombé aujourd'hui.

Par le vasistas, la lumière de la lune dans son plein frappait la figure de Diélette; il me sembla voir des larmes dans ses yeux. Je voulus faire le brave.

— Ça n'est rien, dis-je ; crois-tu que je sois douillet?

J'essayai d'étendre le bras, mais une douleur aiguë me fit pousser un petit cri.

— Là, vois-tu, dit-elle, c'est pour moi, pour moi.

Et, avec un brusque mouvement, elle défit sa camisole.

— Tiens, regarde, dit-elle.

— Quoi?

— Tâte là.

Elle me prit doucement la main et la posa sur son bras; je sentis comme du sang.

— Quand j'ai vu que tu avais l'épaule cassée, dit-elle je me suis mordu le bras tant que j'ai pu, pour que ça me fasse bien du mal, parce que, quand on est amis, il faut souffrir ensemble.

Elle dit cela avec une énergie de sauvage et ses yeux reflétèrent la lumière de la lune comme s'ils eussent été des diamants; ce qu'elle avait fait était absurde, mais je me sentis tout ému et j'eus envie de pleurer.

— Es-tu bête! dit-elle en devinant mon émotion; tu en aurais fait autant pour moi; tiens! je t'ai apporté du raisin que j'ai pris dans le coffre; as-tu faim?

— J'ai soif, le raisin me fera du bien.

Elle alla encore me chercher une tasse d'eau, sans faire plus de bruit qu'une ombre.

— Maintenant, dit-elle, il faut dormir,—elle m'appuya la tête sur le traversin, — il faut guérir bien vite pour que nous nous sauvions; le jour où tu pourras marcher, nous partirons; je ne veux plus que tu remontes à la perche, ça n'est pas fait pour toi, ces métiers-là.

— Et si Lapolade me force?

— Lui! je le ferais plutôt manger par Mouton; ce n'est pas difficile, va; un coup de patte, un coup de dent, crac!

Sur le seuil de la porte, avant de la refermer, elle fit un signe d'amitié:

— Dors!

Il me sembla que mon épaule était moins endolorie; je trouvai une position pour m'étendre et m'endormir en pensant à ma mère, le cœur ému, mais pas trop attristé.

Ce qu'il y avait de plus fâcheux dans mon accident, c'est qu'il retardait notre fuite et nous amenait fatalement à la mauvaise saison. J'avais bien pu coucher en

plein champ pendant les belles nuits d'été, mais en novembre, quand les nuits seraient longues et froides, avec
de la pluie, de la neige peut-être !...

Diélette ne me laissait rien faire, et c'était elle-même
qui soignait les bêtes; elle montrait plus d'impatience
que moi de me voir guéri, et quand je lui disais quelquefois qu'il serait plus prudent d'attendre le printemps, elle
se fâchait.

— Si tu restes avec eux, disait-elle, tu seras mort au
printemps. Lapolade veut t'apprendre un tour de trapèze, tu n'en réchapperas pas. Et puis nous nous éloi-
gnons toujours de Paris : au printemps nous serons peut-
être dans le Midi.

C'était là une raison déterminante.

Il fallait se dépêcher de guérir. Tous les matins je
passais l'inspection devant Diélette; pour cela, je m'appuyais le dos contre la cloison de la voiture et je levais
le bras autant que je pouvais. Avec son couteau, elle
faisait sur la cloison une marque à la hauteur où je m'ar-
rêtais, et ainsi, en comparant cette hauteur à celle de la
veille, nous suivions jour par jour la marche de la guérison.

D'Alençon nous étions venus à Vendôme et de Ven-
dôme à Blois; de Blois, nous devions aller à Tours, où
je reprendrais mes exercices; il était donc décidé avec
Diélette qu'à Blois nous quitterions la caravane, et que,
par Orléans, nous nous mettrions en route pour Paris.
Elle m'avait donné son argent, et chez un brocanteur de
Vendôme j'avais acheté une vieille carte routière de la
France; avec une épingle à cheveux, je m'étais fabriqué
un compas et j'avais compté comme distance, de Blois à
Paris, quarante lieues; c'était bien long au mois de novembre, quand les journées sont à peine de dix heures.
Diélette, qui ne savait pas marcher, pourrait-elle faire
des étapes de six lieues? elle l'affirmait bravement, mais
moi j'en doutais. Dans tous les cas, c'était un voyage

d'une semaine; heureusement elle avait augmenté ses
économies, qui montaient maintenant à dix francs; notre
provision était faite, mes souliers étaient achevés, et elle
avait eu la chance de ramasser sur la route une vieille
couverture de cheval sur laquelle nous comptions beaucoup pour nous envelopper la nuit.

Nous étions donc prêts et nous n'attendions plus pour
partir que la parfaite guérison de mon épaule, qui, d'a-
près nos calculs et surtout d'après les progrès constatés
par les crans de la cloison, devait coïncider avec la fin
de notre séjour à Blois; mais une révolte de Mouton,
d'ordinaire si pacifique, nous retarda encore.

Un soir, deux Anglais, qui avaient beaucoup applaudi
Diélette, s'approchèrent d'elle lorsque le public fut sorti,
et demandèrent qu'elle recommençât ses exercices.
Lapolade accepta cette proposition avec d'autant plus
d'empressement qu'elle était faite par deux hommes
qu'un dîner abondant semblait avoir disposés à la générosité. Diélette rentra dans la cage.

— Charmante, cette enfant!

— Très-brave!

Et ils recommencèrent à applaudir.

Je ne sais quel sentiment d'amour-propre excita la ja-
lousie de Lapolade, mais il dit que si elle pouvait se livrer aussi tranquillement à ses jeux avec le lion, cela
tenait à l'éducation que lui, Lapolade, avait su lui
donner.

— Vous, dit le plus petit des deux Anglais, un très-joli
garçon rose et blond, vous êtes un blagueur, vous n'en-
treriez pas dans la cage.

— Dix louis contre un que vous n'entrez pas, dit le second.

— Je les tiens.

— Bien, mais la petite fille va sortir, et vous entrerez
seul.

C'est peut-être un préjugé de croire qu'il faut un grand

courage pour entrer dans les cages des bêtes féroces.

— La cravache, dit Lapolade à Diélette.

— Entendu, dit le petit Anglais, que l'enfant va s'en aller et qu'elle ne reviendra plus.

— Entendu.

Nous étions tous là, Cabriole, madame Lapolade, les musiciens et moi, qui devais ouvrir la porte de la cage.

Lapolade se débarrassa de son costume de général.

— Si ce lion est intelligent, dit l'un des Anglais, il ne lui fera pas de mal; c'est de la viande trop coriace.

Et ils se mirent tous deux à plaisanter en se moquant de notre patron, ce qui nous faisait bien rire.

Intelligent, Mouton l'était assez pour avoir gardé le souvenir des coups de manche de fourche que Lapolade lui administrait souvent à travers les barreaux, et il se mit à trembler quand celui-ci entra bravement dans la cage, la cravache haute.

Cette attitude de la bête encouragea Lapolade; il crut qu'il était maître du vieux lion et lui cingla un coup de cravache pour le faire lever; mais les coups de cravache ne ressemblent pas aux coups de fourche. Mouton comprit qu'il tenait son ennemi en son pouvoir; un éclair de courage frappa sa cervelle abrutie; il se dressa tout debout en rugissant, et, avant que Lapolade eût pu faire un pas, il se laissa retomber sur lui. Lapolade s'affaissa sous les deux pattes formidables, dont on voyait les ongles se crisper, et le lion le roula sous son ventre avec un hurlement rauque.

— Je suis mort! cria Lapolade.

Courbé sur lui, le lion nous regardait à travers la grille; ses yeux lançaient des flammes; de sa queue, il se battait les flancs, qui résonnaient comme un tambour.

Cabriole saisit une fourche et frappa dessus à coups redoublés; il ne bougea pas. Alors un des Anglais tira un revolver de sa poche et l'approcha de l'oreille du lion, qui touchait presque les barreaux.

Mais, d'un geste rapide, madame Lapolade lui releva le bras.

— Ne le tuez pas! cria-t-elle.

— Aôh, dit l'Anglais, elle aime mieux son lion que son mari.

Et il murmura quelques mots en langue étrangère.

Le tapage, les cris avaient attiré Diélette; elle courut vers la cage. Un des barreaux était disposé de manière à s'écarter et à livrer passage à son corps fluet, si elle était surprise, sans cependant que le lion pût y passer sa grosse tête. Elle écarta ce barreau et entra dans la cage sans que Mouton, qui lui tournait le dos, la vît.

Elle n'avait pas de cravache, elle lui sauta courageusement à la crinière. Surpris de cette attaque et ne sachant d'où elle venait, il se retourna si brusquement qu'il la renversa contre les barreaux; mais en voyant qui elle était, il laissa retomber sa patte déjà lancée pour la broyer, et, se relevant de dessus Lapolade, il alla se blottir dans un coin.

Lapolade n'était pas mort, mais si coutusionné qu'il fallut le tirer à force de bras, pendant que Diélette maintenait du regard le lion honteux.

Elle sortit elle-même en boitant : le lion lui avait tordu la jambe, et elle avait une foulure qui la retint pendant huit jours sur une chaise, tandis que Lapolade gardait le lit, à moitié mort, déchiré, crachant le sang.

Enfin au bout de quinze jours elle me déclara qu'elle pouvait très-bien marcher sans douleur, et que le moment était venu de mettre notre projet à exécution; retenu par ses blessures, Lapolade ne pourrait pas nous poursuivre.

C'était le 3 novembre, mais l'automne était beau; en nous hâtant, nous pouvions espérer d'arriver à Paris avant le mauvais temps.

Notre plan, longuement discuté, avait été définitivement arrêté ainsi : comme je n'étais pas surveillé, je sortirais

le premier de la baraque, emportant tout le bagage, c'est-
à-dire la provision de croûtes, la couverture, une bouteille, mes souliers de rechange, un petit paquet de linge
qui avait été caché dans ma caisse par Diélette, une casserole de fer-blanc, enfin tout un déménagement; puis,
quand les époux Lapolade seraient endormis, Diélette se
lèverait, s'échapperait de la voiture et viendrait me rejoindre près d'un arbre que nous avions marqué sur le
boulevard.

J'y arrivai comme onze heures sonnaient : Diélette me
rejoignit à minuit seulement. Je commençais à désespé-
rer et je craignais qu'elle n'eût été surprise, quand j'entendis son pas léger sur la terre du boulevard; elle coupa
une bande de lumière et je reconnus la cape rouge qui
lui servait à s'envelopper lorsque, sortant de la représentation, elle venait assister à la parade.

— J'ai cru que je ne m'échapperais jamais, dit-elle en
haletant; Lapolade gémissait comme un phoque, il ne
voulait pas s'endormir, et puis j'ai été dire adieu à Mouton. Pauvre Mouton! c'est lui qui va avoir du chagrin.
As-tu bien tout?

Ce n'était pas le moment de nous livrer à un inventaire;
je lui dis qu'on pouvait nous surprendre et qu'il fallait
nous hâter de gagner la campagne.

— Bon! dit-elle, partons; mais avant donne-moi ta
main.

— Pourquoi faire?

— Pour que tu la mettes dans la mienne et que nous
jurions tous deux que c'est à la vie à la mort. Veux-tu ju-
rer ça?

— Je veux bien.

— Alors donne-moi ta main et dis comme moi :
Nous nous aiderons à la vie, à la mort!

— A la vie, à la mort!

Elle me serra la main et je me sentis tout ému de l'accent vibrant avec lequel elle prononça cette formule.

Il régnait dans la ville déserte un silence mystérieux, troublé seulement par le jet d'une fontaine qui coulait avec de petits clapotements dans le ruisseau, et aussi par la plainte des réverbères qui, sous le souffle du vent, criaient au bout de leurs chaînes de fer : leur balancement faisait de grandes ombres changeantes sur le pavé de la rue.

— Maintenant, marchons, dit-elle en prenant les devants.

Nous ne tardâmes pas à sortir de la ville et à nous trouver dans les champs; tout en la suivant, je l'examinais curieusement; il me semblait qu'elle avait le bras gauche arrondi comme si, sous sa cape, elle portait quelque chose. Puisque j'avais tout le bagage, qu'est-ce que cela pouvait bien être? Je le lui demandai.

— C'est mon réséda, dit-elle en ouvrant sa cape.

Et j'aperçus un petit pot coiffé d'un papier doré : elle avait toujours cultivé cette fleur, qui occupait un des vasistas de la voiture et pour laquelle je lui avait vu plus d'une fois des exigences tyranniques qui exaspéraient Lapolade.

— Comment veux-tu que nous portions ça? dis-je assez contrarié de cette surcharge nouvelle.

— Fallait-il l'abandonner? elle serait morte : c'est bien assez de Mouton. Pauvre Mouton! Tu ne sais pas que tout à l'heure j'ai eu envie de l'emmener. Comme il me regardait! Bien sûr, il se doutait de quelque chose.

Emmener Mouton était une idée qui me parut extrêmement drôle. A la laisse probablement, comme un chien. Je ne pus m'empêcher de sourire.

Diélette voulut faire le partage des bagages, et j'eus bien du mal à en prendre plus qu'elle.

Sans être froide, la nuit était fraîche; le ciel était criblé d'étoiles scintillantes sur un fond d'un bleu grisâtre; tout dormait dans la plaine; les arbres se tenaient raides et immobiles, sans un bruissement ou un murmure, et nous n'entendions aucun de ces bruits d'oiseaux ou d'insectes qui font vivantes les nuits d'été ; seulement de temps en temps, quand nous passions devant une habitation, les chiens nous poursuivaient de leurs jappements, leurs voix éveillaient d'autres voix dans le voisinage, et leurs aboiements allaient se perdant dans l'obscurité silencieuse comme le cri des sentinelles qui s'avertissent et se répondent.

Afin de nous mettre à l'abri des poursuites, si Lapolade voulait en entreprendre, nous devions marcher toute la nuit. J'avais craint que Diélette ne pût pas me suivre, mais elle ne parla pas de fatigue avant le matin. Nous avions traversé beaucoup de villages endormis, et les bornes de la route nous disaient que nous étions à cinq lieues de Blois. Une lueur jaune montait au ciel devant nous : les coqs réveillés s'appelaient d'un poulailler à l'autre ; dans les maisons, on commençait à apercevoir des lumières derrière les volets ; bientôt nous fûmes croisés par des chevaux et des charretiers qui, d'un pas lent, se rendaient au labourage.

— Maintenant, dit Diélette, reposons-nous, je n'ai plus peur.

— Tu as donc eu peur ?

— Je crois bien, depuis Blois.

— De quoi ?

— Du silence ; je n'aime pas ça, la nuit ; et puis les ombres s'allongent et se rapetissent, ça vous fait galoper et arrêter le cœur.

Le jour se leva pendant que nous déjeunions avec mes croûtes : un jour gris et humide ; il nous montra une grande plaine dénudée à perte de vue, où, dans des bouquets d'arbres, s'élevaient des maisons au-dessus desquelles montaient doucement des colonnes de fumée jaune. Des terres fraîchement remuées succédaient à des sillons de chaume ; nulle part on ne voyait de verdure. Des troupes de corbeaux traversaient lourdement le ciel et se divisaient en petites bandes pour s'abattre autour des charrues et des herses qui, çà et là, travaillaient dans les champs.

Nous nous remîmes bientôt en marche et nous fîmes encore deux lieues ; mais alors la fatigue commença à nous alourdir. Diélette tombait de sommeil. Elle était si lasse qu'elle dormit cinq heures sans s'éveiller.

Ma grande inquiétude dans ce voyage était de savoir comment nous passerions les nuits ; j'avais l'expérience du coucher à la belle étoile, et je n'étais pas tranquille en pensant au froid de cette saison ; aussi, lorsque nous reprîmes notre chemin, il fut décidé que, sans avoir égard à la distance, longue ou courte, nous ne devions nous arrêter que quand nous aurions trouvé un bon endroit bien abrité. Nous le rencontrâmes au pied du mur d'un parc, où le vent avait amoncelé un gros tas de feuilles sèches. Comme il était à peine quatre heures lorsque nous fîmes cette découverte, j'eus tout le temps, avant la nuit, pour préparer notre lit.

Je ramassai dans le bois plusieurs brassées de feuilles mortes, et je les ajoutai à celles qui étaient contre le mur ; je les tassai bien, et au-dessus j'appuyai dans les fentes des pierres des branches que je fixai solidement en les enfonçant dans la terre ; cela formait des espèces de chevrons, sur lesquels j'étendis la couverture : nous avions donc un lit et un toit.

Diélette se montra très-satisfaite de cette construction ; c'était très-drôle, une chaumière dans les bois, ça ressemblait au Petit Poucet. Ah ! si elle avait eu du beurre, elle aurait trempé la soupe ; elle n'avait pas peur.

Cependant, lorsque après notre dîner, qui fut, comme notre déjeuner, composé de croûtes, le soir commença à tomber, lorsque la lueur rouge restée au couchant s'éteignit, lorsque les oiseaux perchés dans les sapins feuillus ne firent plus entendre leurs cris, lorsque l'ombre emplit le bois, elle me parut moins rassurée.

— As-tu sommeil ? me demanda-t-elle.

— Non.

— Eh bien ! si tu veux, ne dors que quand je serai endormie ; j'aurai moins peur.

Nous n'étions pas trop mal abrités sous notre couverture ; cependant, par les trous qui étaient nombreux on voyait les étoiles briller au ciel, et, bien que tout fût endormi dans la nature, on entendait de petits bruits inexplicables qui nous avertissaient que nous n'étions pas dans une maison.

Assez longtemps, Diélette se retourna avec agitation ; mais enfin la fatigue l'emporta, elle s'endormit. Très-heureux d'être libéré de ma surveillance, je fis comme elle.

J'avais eu raison de craindre le froid ; avant le matin il nous réveilla.

— As-tu froid ? me demanda Diélette, lorsqu'elle me sentit remuer ; moi, je suis glacée.

Il n'y avait rien à faire, nous avions épuisé toutes les précautions ; il fallait nous rendormir en attendant le jour.

Pour moi ce me fut impossible, j'étais transi, et, malgré tous mes efforts pour m'en empêcher, je tremblais de tout mon corps : j'entendais aussi autour de nous un bruit qui m'inquiétait ; sur la terre, les feuilles craquaient comme si des milliers d'insectes les eussent piétinées.

— Entends-tu ? demanda Diélette à voix basse.

Malgré mon envie de la rassurer, il n'y avait pas moyen de répondre non ; et d'ailleurs je commençais à n'être pas très-rassuré moi-même. Je voulais être brave parce que j'avais à protéger ma camarade ; seul, je me serais probablement sauvé.

Pendant plus d'une demi-heure, nous restâmes sans oser remuer ; j'entendais les dents de Diélette claquer ; notre lit de feuille était agité par notre tremblement, et au dehors toujours ce même craquement.

Cette continuité et cette égalité dans le bruit finirent par me rendre un peu de cœur ; s'il avait été produit par quelqu'un ou par un animal, il aurait varié ; il fallait voir.

Je soulevai un peu la couverture : la blanche lumière de la lune qui tombait d'un ciel étoilé me montra qu'autour de nous tout était dans le même état. Enhardi, je posai la main sur les feuilles, afin de me pencher au dehors et de voir plus loin ; les feuilles craquèrent ; elles étaient roides et prises en une couche compacte. C'était la gelée.

Cela nous rassura, mais ne nous réchauffa pas ; au contraire, de savoir qu'il gelait, cela nous refroidit encore.

Tout à coup j'entendis Diélette se lever.

— Qu'as-tu ?

— Mon réséda ! mon réséda ! il va geler et mourir.

Elle le prit dans ses bras et le cacha sous sa cape pour le réchauffer.

Quelle heure était-il ? Étions-nous au matin ou seulement dans la nuit ? La lune s'était abaissée ; mais je ne savais pas l'heure de son coucher.

Il devint bientôt impossible de rester sous notre abri ; bien que nous fussions accroupis et serrés l'un contre l'autre, nous grelottions au point de pouvoir à peine parler. Nous décidâmes de nous remettre en route ; au moins en marchant nous pourrions nous réchauffer.

Il fallut replier le campement et le recharger sur notre dos ; mais une difficulté se présenta : Diélette voulut abriter son réséda, et elle ne trouva rien de mieux que de le tenir sous son manteau, ce qui, en lui paralysant un bras, était peu commode. Je proposai d'abandonner la plante, mais elle me répondit avec colère que je n'avais pas de cœur, et je n'osai pas insister.

Nous revoici donc sur la grande route, la nuit, par la gelée. Le voyage s'annonçait mal ; cependant je n'osais pas faire part à Diélette de mes craintes ; elle cheminait courageusement, et toujours elle avait quelque parole gaie qui faisait du bien.

Après une heure de marche dans la campagne, nous

entendîmes les coqs chanter, et cela nous fit rire de penser qu'il allait bientôt être jour. Nous étions réchauffés, et nous nous racontions, en nous moquant mutuellement l'un de l'autre, nos frayeurs de la nuit ; nous nous disputâmes un peu, et enfin il fut accordé que j'étais plus brave qu'elle, mais qu'elle était moins bête que moi.

De peur d'être poursuivis sur la route de Paris, où Lapolade devait nous chercher, s'il nous cherchait, nous avions pris celle qui va de Blois à Chartres ; ce n'était, d'après mes études sur la la carte, qu'un détour insignifiant.

Ce soir-là nous dépassâmes Châteaudun ; la journée avait été chaude, mais le soir se rafraîchit, et nous prîmes le parti de demander à coucher dans une auberge ; c'était se lancer dans une dépense considérable : cependant cela valait mieux que de mourir de froid.

— Quand nous n'aurons plus d'argent, dit Diélette, je chanterai dans les villages, et nous en gagnerons.

Elle dit cela bravement, comme une petite personne si parfaitement sûre de son affaire que sa confiance passa en moi.

Mais il n'est pas si facile que cela de gagner de l'argent en chantant ; nous devions bientôt l'apprendre, et aussi comment il se dépense.

A deux lieues de Châteaudun, on voulut bien nous recevoir dans une auberge; et l'on nous demanda quarante sous pour notre nuit ; encore fallut-il dire par-dessus le marché qui nous étions, où nous allions ; heureusement j'avais une histoire préparée à ce sujet : nous allions à Chartres retenir une place pour notre caravane, qui nous suivait de près et qui passerait le lendemain ou le surlendemain.

Mentir n'allait ni à Diélette ni à moi ; — c'était une utile nécessité, qui nous humiliait.

De Châteaudun à Chartres, la route coupe de grandes plaines nues, où l'on aperçoit seulement de loin en loin quelques villages au milieu des champs ; mais sur la route elle-même il n'y a pour ainsi dire pas de maisons.

En arrivant à Bonneval, qui est un gros bourg, nous crûmes que nous allions faire fortune ; mais on ne nous donna que trois sous ; je ne compte pas comme générosité une potée d'eau que nous jeta sur la tête un monsieur qui faisait sa barbe, ni la poursuite d'un chien qu'un boucher lança contre nous et qui déchira la jupe de Diélette ; tout n'est pas bénéfice dans le métier de chanteur.

— Si j'avais un loup, dit Diélette, et toi une flûte, nous gagnerions de l'argent ; c'est drôle qu'on ne veuille donner qu'à ceux qui ont quelque chose.

Diélette avait un incroyable esprit de patience. Elle ne s'irritait ni contre ces déconvenues, ni contre les méchancetés.

Par bonheur, le soir nous n'eûmes pas d'auberge à payer : on nous reçut dans une ferme et l'on nous mit coucher dans une bergerie, où les moutons entretenaient une bonne chaleur, qui fit de cette nuit la meilleure de notre voyage. Le lendemain, au moment où nous partions, la fermière montait en voiture pour aller au marché de Chartres ; elle eut pitié de l'air fatigué de Diélette, et elle lui offrit une place ; mais celle-ci refusa en me regardant d'une façon si expressive que la fermière, comprenant qu'elle ne voulait pas être bien quand je serais mal, nous fit monter tous deux.

En couchant ainsi, tantôt dans une ferme, tantôt dans une briqueterie, tantôt dans une auberge, nous arrivâmes, marchant tous les jours tant que nous pouvions, jusqu'à un petit hameau après Bièvre, et qui n'est qu'à trois lieues de Paris.

Il était temps ; nous n'avions plus que onze sous ; les souliers de Diélette étaient en lambeaux, elle avait un pied écorché, qui la faisait terriblement souffrir toutes les fois qu'après un moment de repos nous nous remettions en marche, et nous étions si fatigués que nous levions les jambes comme si nous eussions traîné des semelles de plomb.

Cependant elle ne se plaignait pas; et tous les matins elle était la première prête à partir.

Nos onze sous ne nous permettaient pas de coucher dans une auberge, mais nous avions eu la chance de rencontrer à Saclay un carrier avec qui nous fîmes route, et qui nous avait donné asile dans son écurie.

— Il faut partir demain de bonne heure, dit Diélette, c'est la Sainte-Eugénie et je veux arriver à temps pour souhaiter la fête à maman; je lui donnerai mon réséda.

Pauvre réséda! il était bien dépouillé, déchiqueté, jauni, mais enfin il était encore à peu près vivant, et quelques brins plus vivaces témoignaient de ce qu'il avait été.

Nous partîmes quand le carrier vint arranger ses chevaux, c'est-à-dire dès le petit matin.

Le temps nous avait été jusque-là, par miracle, favorable, froid la nuit et beau le jour; mais quand nous sortîmes de l'écurie, il nous sembla que le froid était devenu plus vif. Cependant le ciel était couvert; pas une seule étoile, et, du côté de l'Orient, au lieu des belles teintes rouges et cuivrées auxquelles nous étions habitués depuis le commencement de notre voyage, de lourds nuages de couleur grise. Avec cela un vent du nord qui arrachait et entraînait les feuilles mortes. Parfois elles arrivaient à notre rencontre en bataillons si pressés, qu'elles semblaient vouloir nous barrer le chemin. Diélette avait grand'peine à maintenir sa cape sur le réséda. Le jour se leva, mais sombre et livide.

— Le soleil fait relâche, tant mieux; il n'éclairera pas nos guenilles, dit Diélette, qui trouvait consolation à tout.

— Sois tranquille, le ciel les lavera avant Paris.

Je croyais à la pluie, ce fut la neige qui nous arriva. D'abord elle tomba en petits papillons, qui passaient emportés par le vent; puis bientôt ces papillons grossirent et devinrent un essaim compacte et serré; la bise nous les fouettait si rudement à la figure qu'ils nous aveuglaient.

Nous avions fait à peine une lieue. Les bois, de chaque
côté, bordaient la route ; il fallut y chercher un abri,
car nulle part, au loin, nous n'apercevions de maison, et
malgré notre hâte d'arriver à Paris, il était impossible de
marcher contre cette tempête neigeuse.

Des talus de fossé, surmontés de charmilles encore
garnies de leurs feuilles séchées sur leurs branches, coupaient çà et là les bois ; nous nous blottîmes au pied d'un de
ces talus. Il nous protégea assez longtemps ; mais la neige,
entraînée par les rafales, rasait la terre comme un nuage
de poussière blanche et elle ne s'arrêtait que lorsqu'elle
rencontrait un obstacle : bientôt elle dépassa la crête du
talus et elle retomba du côté où nous étions appuyés ;
elle nous arrivait en tourbillons sur la tête et nous glissait dans le cou, où elle fondait. Je voulus nous garantir au
moyen de la couverture ; le vent l'eut bien vite roulée.

Nos vêtements n'étaient plus que des loques : ils nous
protégèrent mal contre le froid. Je vis Diélette bleuir,
et elle commença à grelotter, elle se serra contre moi,
mais j'avais trop froid moi-même pour la réchauffer. La
neige qui m'entrait en poussière dans le cou coulait en
eau dans mes souliers ; j'étais plus mouillé que si je m'é-
tais jeté dans une rivière.

Pendant deux heures il fallut rester dans cette position
sans que le vent faiblît. La neige semblait ne pas tomber
du ciel ; elle filait horizontalement, rapide comme des
milliers de flèches blanches ; parfois il se faisait des remous et elle remontait en tournoyant.

Diélette cependant n'avait pas abandonné son réséda,
elle le tenait serré contre elle, abrité sous sa cape, mais
la neige, qui se glissait à travers ses vêtements, pénétrait
partout ; quand elle vit qu'elle s'était entassée sur la terre
du pot, où elle ne fondait pas, elle voulut me le donner.

— Que veux-tu que j'en fasse?

— Tâche de me le sauver, je t'en prie.

Cela me fâchait de voir qu'elle se donnait tant de ma

pour cette plante. Je haussai les épaules en lui montrant ses doigts roidis par le contact du pot.

— Ah! dit-elle avec colère, pourquoi ne m'as-tu pas dit tout de suite de le jeter?

Nous étions dans une situation où les querelles vont vite; nous échangeâmes quelques paroles de colère, les premières entre nous; puis, nous taisant tous les deux, nous nous mîmes à regarder droit devant nous la neige tomber.

Mais bientôt je sentis sa main qui cherchait la mienne.

— Veux-tu que je le jette? dit-elle tristement.

— Tu vois bien qu'il est mort, ses feuilles sont noires et molles.

Elle ne répondit rien, mais je vis des larmes monter dans ses yeux.

— Oh! maman, dit-elle, je ne lui apporterai donc rien?

— Gardons-le, lui dis-je; et je pris le pot.

La neige tombait toujours; mais le vent se calmait; insensiblement il cessa tout à fait et alors la neige se mit à s'épaissir en gros flocons; en peu d'instants la terre fut couverte d'un épais drap blanc qui nous montait aux jambes comme si la neige eût voulu nous ensevelir lentement dans ce linceul glacé.

Cela dura plus d'une heure. Les arbres se courbaient sous la charge de la neige. Sur notre couverture, qui nous protégeait tant bien que mal, nous sentions un poids de plusieurs livres. Tassés l'un contre l'autre, nous ne bougions pas; nous ne parlions pas; le froid nous avait paralysés, et je crois bien que ni l'un ni l'autre nous n'avions bien conscience du danger de notre position.

Enfin, les flocons de neige devinrent plus petits, plus légers, et il y eut un arrêt. Le ciel était d'un noir d'ardoise; c'était la terre blanche qui l'éclairait.

— Marchons, dit Diélette.

Nous regagnâmes la grande route : nous enfoncions dans la neige jusqu'à mi-jambes; il n'y avait, aussi loin que nous pouvions voir, ni voitures sur le chemin ni paysans dans la plaine; les seuls êtres vivants qu'on rencontrât dans ce désert étaient des pies, qui, perchées sur les arbres des fossés, semblaient, par leurs cris, se moquer de nous quand nous passions devant elles.

Après avoir traversé un village, nous arrivâmes au haut d'une côte, et nous aperçûmes un nuage de fumée planant au-dessus d'une ville immense, qui s'étalait confusément entre deux collines blanches; un ronflement confus, quelque chose comme le murmure de la mer, arriva jusqu'à nous.

— C'est Paris, dit Diélette.

Nous eûmes moins froid, nous nous sentîmes moins épuisés.

Sur la route on voyait des voitures qui se dirigeaient vers la ville. Mais nous n'étions pas encore arrivés; quand nous fûmes descendus dans la plaine et que nous ne vîmes plus devant nous ce but tant désiré, la lassitude, l'épuisement nous revinrent.

Nous glissions à chaque pas et nous n'avancions guère; nos vêtements mouillés fumaient sur notre corps.

La neige de la route devint moins blanche, puis ce ne fut plus qu'une boue noire : les voitures que nous croisions ou qui nous dépassaient se suivaient dans un continuel défilé; les maisons succédaient aux maisons, et dans les champs on apercevait çà et là de grandes roues noires avec des tas de pierres autour. Malgré son énergie, Diélette fut forcée de s'arrêter; la sueur lui coulait du front, elle boitait très-fort. Je balayai la neige qui recouvrait un banc placé à la porte d'une maison, et elle s'assit.

— Demande donc si nous en avons encore pour longtemps, me dit-elle en voyant passer un charretier.

— Où allez-vous? dit celui-ci lorsque je lui eus adressé cette question.

— A la Halle.

— Eh bien! vous en aurez au moins pour une heure et demie, grandement.

9.

— Jamais je ne pourrai, dit-elle en entendant cette réponse.

Elle était livide, ses yeux étaient éteints, elle haletait péniblement.

Je fus obligé de la relever, elle voulait rester sur ce banc, où le froid nous avait déjà saisis : je lui parlai de sa maman, elle retrouva du courage. Nous allions arriver, nous n'avions plus besoin de tous nos bagages, je les abandonnai sur le banc, et je lui dis de s'appuyer sur moi.

Nous nous remîmes en marche.

— Tu verras comme maman t'embrassera, disait-elle, et puis du bon bouillon, des gâteaux ; moi d'abord, je resterai couchée huit jours sans me lever.

A la barrière, je demandai le chemin de la Halle. On nous dit d'aller tout droit jusqu'à la rivière. Les rues de Paris étaient encore plus sales et plus glissantes que la grande route : il y avait des gens qui s'arrêtaient pour nous regarder passer ; au milieu de la foule et des voitures, ahuris, mouillés, crottés, déguenillés, nous devions avoir l'air de deux oiseaux perdus : Diélette avait repris des forces dans l'espérance, nous avancions encore assez vite.

Arrivés à la Seine, on nous envoya au Pont-Neuf, et en allant tout droit nous tombâmes sur Saint-Eustache.

Quand nous aperçûmes le cadran doré, je sentis Diélette frissonner contre moi.

— L'horloge, dit-elle, voilà l'horloge.

Ce ne fut qu'un éclair de joie.

— C'est bien l'horloge pourtant, mais je ne retrouve pas les maisons.

Nous fîmes le tour de l'église.

— Nous nous sommes trompés; ce n'est pas Saint-Eustache, dit-elle.

Je demandai de nouveau où nous étions; on me répondit:

— A Saint-Eustache.

Diélette avait les yeux égarés : elle ne pouvait plus parler, elle bégayait.

— Cherchons dans toutes les rues qui débouchent sur l'horloge, lui dis-je.

Elle se laissa conduire, mais elle n'avait plus cette ardeur qui, en arrivant, avait secoué sa fatigue.

Elle ne reconnut aucune de ces rues.

En face de l'église, il y avait un grand espace de terrain où les maisons étaient démolies et où des ouvriers travaillaient.

— C'était là, dit-elle, en fondant en larmes, là!

— Demandons.

— Quoi? le nom de la rue, je ne le sais pas; le nom de maman, je ne le sais pas; mais la maison, je l'aurais si bien reconnue!

De plus forts que nous n'auraient pas résisté à ce coup. Tant de fatigues, tant d'épreuves, une espérance si ferme! Nous restions contre l'église, nous regardant tous deux, hébétés, effarés, et la foule, compacte en cet endroit, nous coudoyait et nous poussait; il y avait des passants qui s'arrêtaient pour examiner curieusement ces deux pauvres petits paquets de guenilles qui faisaient là une si étrange figure.

Moins profondément atteint dans mes espérances, moins épuisé surtout que Diélette, je retrouvai le premier le sentiment, et, la prenant par le bras, je la menai dans un grand bâtiment couvert, où étaient entassés des légumes de toutes sortes. Il y avait dans un coin des paniers vides; je la fis asseoir sur un de ces paniers; elle se laissait conduire comme une idiote. Je ne trouvais rien à lui dire, et je la regardais. Elle avait pâli encore, ses lèvres étaient sans une goutte de sang, et elle tremblait de tout son corps.

— Tu as mal?

— Ah! maman, dit-elle; et sans qu'elle pleurât précisément, de grosses larmes se fixèrent dans le coin de ses yeux.

Autour de nous, c'était un va-et-vient continuel: des

gens criant, se disputant, vendant, achetant, apportant, emportant, le brouhaha, le tumulte, l'activité de la Halle.

On ne tarda pas à tourner autour de nous : à voir ces deux enfants si misérables dans leur costume, si pâles, si fatigués, dont l'un pleurait sans cesse, la curiosité s'éveilla.

— Qu'est-ce que vous faites là? demanda une grosse femme.

— Nous nous reposons.

— On ne se repose pas ici.

Sans rien répliquer, je pris Diélette par la main pour la faire lever et nous en aller : où? je n'en savais rien. Mais elle me regarda avec une expression de lassitude et de découragement si éloquente, que la grosse femme eut pitié.

— Tu vois bien qu'elle est trop fatiguée, dit-elle; n'as-tu pas honte de la faire marcher?

De questions en questions, j'en vins à lui conter pourquoi nous étions là, c'est-à-dire que nous arrivions de loin pour trouver la mère de Diélette, et que la maison était démolie.

— En voilà une histoire! fit-elle lorsque j'eus achevé ces explications; et elle appela d'autres femmes, qui vinrent nous entourer.

— Alors tu ne sais ni le nom de sa mère ni le nom de la rue? me dit une femme lorsque j'eus recommencé mon récit; dites donc, vous autres, connaissez-vous ça : une lingère qui demeurait dans une des rues démolies?

Ce fut alors une confusion de demandes, de réponses, d'explications; mais on n'arriva à rien de précis : depuis huit ans, comment retrouver un indice? Les rues étaient démolies depuis longtemps déjà; des lingères, il y en avait par centaines; laquelle était la mère de Diélette? où demeurait-elle? où la chercher? Le chaos.

Pendant tous ces propos, Diélette avait pâli encore; son tremblement avait augmenté; on entendait ses dents claquer.

— Vous voyez bien que cette petite est gelée, dit une des femmes ; viens, mon petit cœur, tu vas te mettre sur ma chaufferette.

Elle nous fit entrer dans sa boutique, où deux ou trois femmes nous suivirent, tandis que les autres regagnaient leur étal en discutant.

Elle ne se contenta pas de la chaufferette, elle nous fit apporter deux tasses de bouillon, et, quand elle nous eut réchauffés et réconfortés, elle me mit vingt sous dans la main.

C'était beaucoup pour elle, mais combien peu pour nous dans notre terrible situation. Où aller ! que faire, maintenant? Pour moi, je n'avais qu'à continuer ma route jusqu'au Havre ; mais Diélette? Elle sentait elle-même à quelle extrémité elle était réduite, car lorsque nous nous retrouvâmes dans la rue, son premier mot fut :

— Où allons-nous?

L'église était devant nous ; la neige qui recommençait à voltiger dans l'air glacial rendait la rue inhabitable.

— Là, dis-je montrant la porte de l'église.

Nous entrâmes ; une bonne atmosphère chaude nous enveloppa ; l'église était silencieuse, quelques rares personnes étaient seulement agenouillées dans les chapelles. Nous nous réfugiâmes dans la chapelle la plus sombre.

— Mon Dieu ! mon Dieu ! murmurait Diélette.

— Écoute, dis-je à voix basse, puisque tu ne peux pas retrouver ta maman, il faut que tu ailles trouver la mienne.

— Au Port-Dieu?

— Oui ; tu ne veux pas retourner chez Lapolade, n'est-ce pas? tu en as assez de la banque ; eh bien! il faut aller chez maman. Tu travailleras avec elle, elle t'apprendra son métier ; quand je reviendrai de la mer, je vous trouverai toutes les deux. Tu verras que maman t'aimera bien. Et puis, si tu es avec elle, je serai plus tranquille, elle s'ennuiera moins ; si elle est malade, tu la soigneras.

Diélette était la franchise même, elle accepta avec une

joie qui, mieux que toutes les paroles, montrait combien vivement elle sentait l'horreur de sa position. Elle ne fit qu'une objection :

— Ta mère ne voudra pas de moi.

— Pourquoi?

— Parce que j'ai été saltimbanque.

— Eh bien! et moi, je l'ai été aussi.

— Toi, ce n'est pas la même chose, dit-elle tristement.

C'était beaucoup de savoir où aller, mais ce n'était pas tout qu'un but, il fallait y arriver. L'avenir nous paraissait assuré, mais le présent!

Je ne me rendais pas bien compte de la distance de Paris à Port-Dieu, je savais seulement que c'était bien loin.

En abandonnant à Montrouge ce que nous portions, comme le navire qui jette sa cargaison à la mer pour s'alléger et ne pas couler bas, j'avais heureusement conservé ma carte routière; je la tirai de ma poche, et la dépliant sur une chaise, je me mis à l'étudier; je vis que pour sortir de Paris il fallait longer la Seine.

C'était là l'essentiel pour le moment; plus tard j'étudierais le reste de la route.

Mais comment la faire, cette route, quand nous n'avions pas de chaussures aux pieds, plus de vêtements sur le corps, et vingt sous seulement dans notre poche. Comment l'entreprendre dans l'état de fatigue où nous étions, surtout avec Diélette, qui, à chaque instant, semblait prête à défaillir? Elle pâlissait tout à coup et tout à coup aussi elle rougissait; le frisson ne la quittait pas. Comment nous exposer à passer la nuit dehors par ce froid et cette neige, quand le matin, en plein jour, nous avions de si peu échappé à la mort?

— Pourras-tu faire le chemin? dis-je à Diélette.

— Je ne sais pas; en venant ici je voyais ma maman, ça me donnait du cœur; je ne vois pas la tienne.

— Que faites-vous ici? dit une voix derrière nous.

La carte était étalée sur la chaise, il était bien évident qu'elle ne nous servait pas de livre de prières.

— Allons vite, sortez.

Il fallut obéir et marcher devant le suisse, qui grommelait entre ses dents.

La neige ne tombait pas, mais le vent soufflait ; il était glacial.

Nous reprîmes la rue par laquelle nous étions arrivés. Diélette pouvait à peine se traîner ; pour moi, remis par le bouillon que j'avais avalé, excité surtout par l'inquiétude, je ne me sentais pas trop fatigué.

Nous n'avions pas marché dix minutes qu'elle s'arrêta.

— Je ne peux plus, dit-elle ; tu vois comme je tremble : le cœur me manque, j'ai mal dans la poitrine, je crois bien que je suis malade.

Elle voulut s'asseoir sur une borne ; cependant, après quelques minutes de repos, elle se releva.

Arrivés à la Seine, nous tournâmes à droite ; les quais étaient, à perte de vue, couverts de neige, et la blancheur de cette bordure rendait l'eau de la rivière presque noire ; les passants, enveloppés dans leurs manteaux, marchaient rapidement ; des enfants faisaient des glissades sur les trottoirs déserts.

— Est-ce loin ? demanda Diélette.

— Quoi ?

— Où nous allons coucher.

— Je ne sais pas ; marchons toujours.

— Mais je ne peux plus marcher ; tiens, Romain, abandonne-moi là ; laisse-moi mourir, conduis-moi dans un coin.

Je la pris par le bras : je voulais sortir de Paris ; il me semblait que, dans la campagne, nous pourrions peut-être trouver une briqueterie, une maison abandonnée, une auberge, un refuge, tandis que dans les rues pleines de ce monde, où chacun passait en se dépêchant, où il y avait des sergents de ville qui vous regardaient d'une façon si dure, je me sentais perdu.

Nous marchâmes encore près d'un quart d'heure, mais sans avancer, c'est-à-dire que, si nous n'étions plus au milieu des maisons, nous nous trouvions pris d'un côté entre un parapet, de l'autre entre un mur immense dont on ne voyait pas le bout; au-dessus de ce mur il y avait des arbres poudrés de neige et des soldats qui montaient la garde. Diéletto ne se soutenant plus, à vrai dire, je la portais; malgré le froid, la sueur me coulait du front, autant de fatigue que d'inquiétude. Je sentais bien qu'elle était à bout de forces, malade. Qu'allions-nous devenir?

Diélette m'abandonna le bras et s'assit ou plutôt s'affaissa sur le trottoir, dans la neige; je voulus la relever, elle ne tint pas sur ses jambes et se laissa retomber.

— C'est fini, dit-elle faiblement.

Je m'assis près d'elle et tâchai de lui faire comprendre qu'il fallait marcher encore. Elle était comme une chose inerte, ne me répondant pas, ne m'écoutant pas; ses mains seules semblaient encore vivantes, elles brûlaient comme des charbons.

Au bout de quelques minutes, la peur commença à me prendre; personne ne passait; je me relevai pour regarder au loin; rien que ces deux lignes de pierre et au milieu la neige blanche. Je la priai, la suppliai de se relever; elle ne me répondit pas. Je voulus la porter, elle se laissa faire; mais au bout de quelques pas, je fus obligé de me reposer: je ne pouvais pas.

Elle se laissa glisser à terre. Je m'assis auprès d'elle. C'était fini; il fallait mourir là. Sans doute, dans son accablement, elle avait conscience de notre position, car elle se pencha contre moi, et doucement, de ses lèvres glacées et tremblantes, elle m'embrassa. Cela me fit monter les larmes aux yeux et mon cœur se serra.

J'espérais cependant que les forces allaient lui revenir, et que nous pourrions continuer; mais elle ne fit pas un mouvement; les yeux clos, elle se laissa aller contre moi; si elle n'avait pas été secouée par un tremblement saccadé, j'aurais cru qu'elle était morte.

Deux ou trois passants, surpris de nous voir ainsi affaissés dans la neige, s'arrêtèrent indécis pour nous regarder, puis ils continuèrent leur chemin.

Il fallait prendre un parti; je me décidai à demander secours à la première personne qui se présenterait. Ce fut un sergent de ville, et lui-même m'interpella en me demandant pourquoi nous restions là. Je lui dis que ma petite sœur était malade et qu'elle ne pouvait plus marcher.

Ce fut alors des questions et puis des questions. Quand je lui eus dit (c'était l'histoire que j'avais préparée) que nous allions chez mes parents au Port-Dieu, bien loin au bord de la mer, que nous marchions depuis dix jours, il ouvrit de grands yeux.

— Allons, dit-il, cette enfant va mourir là; il faut venir au poste.

Mais Diélette, de plus en plus faible, ne put pas se lever; elle n'avait pas pu marcher quand je l'en priais, elle ne marcha pas davantage quand le sergent de ville l'ordonna.

Alors il la prit dans ses bras et me dit de le suivre. Nous nous mîmes en route. Au bout de cinq minutes, il fut rejoint par un de ses camarades à qui il raconta ce que je lui avais dit; celui-ci prit Diélette à son tour, et bientôt nous arrivâmes devant une maison à la porte de laquelle était suspendue une lanterne rouge. Dans une grande salle, autour d'un poêle qui ronflait, il y avait plusieurs sergents de ville.

Comme Diélette ne pouvait pas répondre, ce fut moi qu'on interrogea. Je recommençai mon récit.

— Je crois bien qu'elle est morte, dit un des gens de police.

— Non, mais elle n'en vaut guère mieux; il faut la porter au bureau central.

— Et toi, me demanda le chef, qu'est-ce que tu vas faire; as-tu des moyens de subsistance?

Je le regardai sans comprendre.

— As-tu de l'argent?

— J'ai vingt sous.

— Bon! tâche de filer ce soir; si l'on te trouve dans les rues, tu seras arrêté.

On déposa Diélette sur une civière; on la roula dans des couvertures; on ferma sur elle les rideaux et deux hommes l'emportèrent.

J'étais abasourdi. Je ne pouvais pas croire qu'elle fût si malade : je voulais savoir... Et les gens de police qui menaçaient de m'arrêter s'ils me rencontraient dans la rue! Néanmoins je les suivis. J'obtins d'eux que je pourrais les suivre.

Après avoir marché assez longtemps et traversé la Seine, ils s'arrêtèrent sur une place au fond de laquelle se dressait une grande et belle église; on me laissa entrer avec eux; un monsieur en habit noir ouvrit les rideaux de la civière. Diélette était rouge comme un coquelicot.

Il l'interrogea assez doucement; je m'avançai et répondis pour elle, en recommençant pour la troisième fois mon récit.

— Bien, dit-il, refroidissement, fatigue extrême, c'est une fluxion de poitrine. A Jésus.

Il écrivit quelques mots sur un papier, et nous nous remîmes en marche. Sur la neige glissante, les porteurs avançaient difficilement; quand ils se reposaient, je m'approchais de la civière et parlais à Diélette; quelquefois elle me répondait d'une voix dolente, d'autres fois elle ne me répondait pas.

Cette nouvelle course dura plus longtemps encore que la première. Enfin, dans une rue où les passants n'étaient pas nombreux, on s'arrêta devant une porte verte : puis on entra dans une pièce assez sombre : des hommes en tablier blanc s'approchèrent.

Diélette comprit sans doute, comme je le comprenais moi-même, que le moment de la séparation était venu;

elle écarta le rideau et, me regardant avec ses yeux qui étincelaient :

— M'abandonnes-tu ? me dit-elle.

Je ne pensai qu'à Diélette, à son isolement; je ne vis qu'elle, étendue sur cette misérable civière et me suppliant.

— Non, lui dis-je.

Elle eut à peine le temps de me remercier d'un regard, mais quel regard ! On l'enleva.

Je restais stupide, anéanti, sans bouger de place, quand le concierge me dit que je devais m'en aller.

— Est-ce que je ne pourrai pas la voir ?

— Si : le dimanche et le jeudi.

Et la porte me fut poussée sur les talons.

La nuit allait bientôt venir, et déjà, dans quelques maisons, les lumières étaient allumées. La première question qui se posa devant moi fut de savoir où coucher; quant à chercher comment vivre à Paris, en attendant que Diélette fût guérie, je m'en inquiéterais le lendemain. Je n'étais plus au temps où il me fallait un plan bien arrêté avec toutes les précautions prises; l'habitude de la misère présente rend assez insensible aux choses de l'avenir.

Bien que tendu sur une seule idée, mon esprit ne trouvait pas de solution; je ne savais pas que dans cette grande ville il y avait des milliers de misérables comme moi, qui, à cette même heure, ne savaient où ils coucheraient et qui cependant trouvaient à coucher et peut-être à dîner. Élevé aux champs, je ne trouvais que des moyens à la portée d'un paysan, une grange, une écurie, une meule de foin; or, dans le quartier où je marchais, je ne voyais rien de tout cela; des maisons, des murs et puis des maisons !

J'avais tourné à droite, en sortant de l'hospice; à l'encoignure de la rue, je lus : *Rue de Sèvres*, et me trouvai sur un large boulevard planté de grands arbres. Où conduisait-il? je n'en savais rien; peu m'importait ! Puisque je n'avais pas de but, autant cette route qu'une autre.

J'allais lentement, car, épuisé de fatigue, je commençais à ne plus pouvoir me traîner ; mes pieds sans chaussures et plongés dans la neige depuis le matin étaient devenus insensibles comme s'ils eussent été morts. Sur la contre-allée du boulevard, des enfants avaient fait une glissade ; je m'arrêtai machinalement pour les regarder.

Parmi ceux qui passaient devant moi, quelle ne fut pas ma surprise de trouver une figure connue ! C'était un enfant nommé Biboche, que j'avais vu à Falaise, où il appartenait à la troupe Vignali. Sa baraque touchait celle de Lapolade et nous avions joué ensemble.

Comme j'étais le seul spectateur, il me regarda et me reconnut. Il vint à moi.

— Tiens, qu'est-ce que tu fais à Paris ? Est-ce que votre lion est arrivé ? J'irai voir Diélette.

Je lui dis que j'avais quitté Lapolade, que j'étais à Paris depuis le matin seulement, et très-embarrassé, car je ne savais où coucher ; je ne parlai pas de Diélette, et je terminai en lui demandant s'il croyait que dans sa troupe ou voulût m'engager.

— Bien sûr qu'on voudra bien si tu es bon zigue ; es-tu bon zigue ?

Je ne me rendais pas bien compte des qualités qu'il fallait avoir pour être un bon zigue ; cependant, comme je voyais un lit, je répondis que je croyais avoir ces qualités.

— Alors, tape là, dit Biboche.

— Et le patron ?

— Est-il *loffe*, ce *môme*-là ! C'est moi qui engage, tu es de notre troupe ; je t'apprendrai à *grinchir*.

Je ne connaissais pas cette langue nouvelle ; sans doute c'étaient des mots parisiens ; je ne voulais pas paraître trop étonné, bien que je fusse étrangement surpris de voir Biboche, qui n'avait pas onze ans et qui était gros comme un furet, chef de troupe.

— Tu as froid ? dit Biboche voyant que je tremblais ; eh bien ! viens te réchauffer.

Il me conduisit chez un marchand de vin, où il me fit boire un verre de vin chaud.

— Maintenant que te voilà réparé, en route pour souper.

Au lieu de nous diriger vers le centre de Paris, qui était à notre droite, nous tournâmes à gauche, et pendant longtemps nous marchâmes dans des rues où il n'y avait que de rares passants et où les maisons avaient un aspect malpropre et pauvre.

Biboche vit ma surprise.

— As-tu cru que je t'offrais l'hospitalité aux Tuileries? dit-il en riant.

Ce ne fut point en effet aux. Tuileries qu'il me conduisit, mais dans une plaine ; la nuit était tout à fait tombée ; mais avec elle n'était pas venue une complète obscurité. Nous quittâmes la route et prîmes à travers champs dans un sentier frayé. Au bord d'une excavation, Biboche s'arrêta.

— C'est ici, me dit-il ; donne-moi la main et prends garde de tomber.

Nous descendîmes dans une espèce de carrière ; puis, après quelques détours au milieu de quartiers de roche, nous entrâmes dans une galerie sous terre : Biboche tira de sa poche un rat-de-cave et l'alluma ; j'étais de plus en plus étonné.

— Encore une minute, dit-il, et nous arrivons.

En effet, presque aussitôt j'aperçus une lueur rouge qui éclairait la carrière ; c'était un brasier de charbon : auprès était étendu un enfant de l'âge de Biboche.

— Encore personne ? demanda celui-ci.

— Non.

— C'est bon, voilà un ami, tâche de lui trouver des souliers, il en a besoin.

L'enfant s'éloigna et revint presque aussitôt avec une provision de chaussures ; c'était à croire que j'étais dans une boutique de cordonnier.

— Choisis, dit Biboche, et, si tu as l'habitude des

chaussettes, ne te gêne pas, on va t'en donner; tu n'as
qu'à demander.

Je ne saurais dire quel bien-être j'éprouvai lorsque mes
pieds endoloris et glacés se réchauffèrent dans de bonnes
chaussettes de laine et dans des souliers tout neufs.

J'achevais de me chausser quand deux autres enfants
arrivèrent, puis un troisième, puis un quatrième, puis
trois autres encore : en tout neuf.

Biboche me présenta.

—C'est un ami que j'ai connu dans la banque, dit-il, c'est
un bon zigue. Et vous autres, allons, qu'est-ce qu'on a fait?

Chacun alors vida ses poches autour du brasier ; l'un
apportait un jambon, un autre des bouteilles; il y en
eut un qui tira de sa poche une petite bouteille avec
un biberon en argent.

Il y eut dans la troupe une exclamation générale, des
rires, des moqueries.

— C'est bon, dit Biboche, il boira dedans.

Tout le monde s'assit au bord du brasier, non sur des
chaises, mais simplement par terre.

Biboche me fit les honneurs du souper et je fus servi
le premier. Il y avait longtemps que je n'avais vu pareille
abondance et je dois même dire que ni à la maison, ni
chez M. de Bihorel, je n'avais jamais pris part à un
pareil festin; après le jambon, on entama une dinde
froide, et après la dinde un pâté de foie gras. J'avais une
si belle faim que je fis l'admiration de la troupe.

— A la bonne heure ! dit Biboche résumant l'impression de tous, c'est plaisir d'inviter des amis qui *tortillent*
comme ça.

Mais la nourriture, la chaleur et surtout la fatigue ne
tardèrent pas à m'alourdir.

— Tu as sommeil, dit Biboche en voyant que mes
yeux se fermaient, ne te gêne pas; je regrette de n'avoir
ni *pieu* ni *galette* à t'offrir, mais tu dormiras bien tout de
même, n'est-ce pas?

A quoi un pieu et une galette pouvaient-ils m'être utiles pour me coucher ? Je n'osais pas le demander ; c'était encore là sans doute des mots distingués qui n'ont pas cours en province.

— Un verre de punch, dit Biboche, et bonne nuit !

Je refusai le verre de punch, ce qui parut étonner considérablement la société, et demandai à Biboche de me dire où je pouvais me coucher.

— Je vais te conduire.

En effet, il alluma une chandelle au brasier et, passant devant moi, il me mena dans une galerie latérale de la carrière.

Il y avait une épaisse couche de paille par terre et dessus deux ou trois couvertures de laine.

— Dors bien, dit-il, demain nous causerons ; et il me laissa en emportant la chandelle.

Je n'étais pas trop rassuré dans cette carrière, dont mes yeux ne pouvaient pas sonder la profondeur ; en même temps j'étais très-intrigué de savoir ce qu'étaient mes nouveaux camarades ; ces poches pleines, le jambon, le biberon, tout cela me semblait louche. Mais mon accablement était tel que la fatigue l'emporta sur l'inquiétude ; à peine roulé dans ma couverture, le sommeil me prit. « Nous causerons demain, » avait dit Biboche ; le lendemain il serait temps de s'expliquer. J'avais un abri, j'avais bien soupé ; la journée avait été assez rude pour ne pas la prolonger : je m'endormis sans être troublé par les cris de la troupe que j'entendais boire et rire à quelques pas de moi.

Le lendemain ce fut Biboche qui m'éveilla, car sans lui j'aurais probablement dormi vingt-quatre heures.

— Tiens, dit-il, voilà des *frusques*, habille-toi.

Je me débarrassai de mes haillons et j'endossai les vêtements qu'il avait jetés sur la paille ; ils se composaient d'un pantalon et d'une bonne veste taillée dans une bonne laine épaisse et douce.

Une faible lueur blanche tombait de la voûte ; c'était le jour qui filtrait difficilement jusqu'à cette profondeur.

— Mon bonhomme, dit Biboche pendant que je procédais à ma toilette, j'ai pensé à toi et voici ce que j'ai trouvé. Tu n'es pas malin dans le métier, n'est-ce pas ?

— Pas trop.

— Je m'en doutais : ça se voit tout de suite ; si tu voulais, sans apprentissage, travailler comme nous, il t'arriverait malheur. Pour empêcher cela, je vais te mettre avec un bon garçon et tu lui serviras de *raton*.

Malgré mon désir de ne pas me déshonorer en montrant que je n'étais pas au courant de la langue parisienne, il m'était impossible de laisser passer ce mot sans explication : puisque je devais être un *raton*, je devais avant tout savoir ce que c'était.

— Es-tu habillé ? dit Biboche en voyant que je le regardais.

— Oui.

— Eh bien ! nous allons déjeuner et je te conduirai après chez mon ami.

Je le suivis ; le brasier était éteint et il ne restait aucune trace du festin de la veille. Le jour, un peu plus vif, parce que nous étions plus rapprochés de l'ouverture, laissait voir seulement deux piliers qui soutenaient la voûte et, çà et là, des amas de pierre.

Dans un creux de la paroi, Biboche prit une bouteille, du pain et un débris de jambon.

— Cassons une croûte, dit-il, nous déjeunerons chez ton nouveau patron.

Je pris mon courage à deux mains.

— Ne te moque pas trop de moi, lui dis-je ; tu sais, je ne suis pas de Paris, explique-moi donc ce que c'est qu'un *raton*.

Cette demande le mit dans une telle gaieté qu'il faillit s'étouffer en riant.

— Sont-ils *loffes* dans ton pays ! dit-il ; eh bien ! mon

bonhomme, un *raton* est un *môme*, autrement dit un enfant comme toi et moi, pas trop lourd et alerte. Tu ne sais peut-être pas non plus comment beaucoup de marchands ferment leurs boutiques pendant qu'ils sont à manger dans leur cuisine?

Bien que ne comprenant nullement quel rapport pouvait exister entre ces deux idées, je répondis que je ne savais pas en effet comment les marchands ferment leurs boutiques.

— Avec une petite barrière basse, poursuivit Biboche me passant la bouteille de vin, qu'il avait vidée à moitié; cette barrière est retenue par un ressort qui correspond à une sonnette; si quelqu'un entre, il faut qu'il pousse la barrière, alors la sonnette sonne, et le marchand, qui est bien tranquille dans son arrière-boutique ou dans sa cuisine, vient voir qui est là. Devines-tu maintenant à quoi sert le *raton*?

— Pas du tout ; à moins qu'il ne soit chargé de remplacer la sonnette.

Biboche retomba dans un accès de rire, qui cette fois l'étouffa bel et bien. Quand il eut fini de tousser, il m'allongea une bonne taloche :

— Si tu en dis encore de pareilles, fit-il, préviens-moi, tu me ferais mourir. Au lieu de remplacer la sonnette, le *raton* est chargé de l'empêcher de sonner; pour cela, on le passe par-dessus la barrière, il va sans bruit et en rampant au tiroir, enlève la caisse, la donne à celui qui est en dehors; celui-ci le reprend au bout des bras, le fait repasser par-dessus la barrière, et voilà : le marchand est rincé sans le savoir. Ça te va-t-il?

J'étais abasourdi.

— Mais c'est voler, ça !

— Eh bien?

— Mais tu es donc un voleur, toi?

— Eh bien ! et toi, tu es donc un imbécile?

Je restai sans répondre; je pensais à ce que j'avais vu

la veille, et me disais que Biboche avait bien raison de
m'appeler imbécile.

Cependant il fallait se décider.

— Écoute, lui dis-je, si tu as compté sur moi pour cela,
tu t'es trompé.

Cette fois il n'éclata pas de rire, mais il entra dans une
colère furieuse : je l'avais trompé ; s'il me laissait partir,
je le dénoncerais.

— Eh bien, non ! s'écria-t-il, tu ne me dénonceras pas
et tu ne partiras pas d'ici.

— Je partirai.

Avant que j'eusse pu en dire davantage, il s'élança sur
moi ; mais s'il était plus souple et plus alerte, j'étais
plus fort ; la lutte ne fut pas longue : après le premier moment de surprise, où il m'avait renversé, je pris le dessus,
et le maintenant sous moi :

— Veux-tu me laisser partir?

— Me vendras-tu?

— Non.

— Jure-le.

— Je le jure.

Je me relevai.

— Tu sais que tu n'es qu'un imbécile, dit-il avec rage,
un vrai imbécile ; tu verras si tu vivras avec ton honnê-
teté ; si tu ne m'avais pas rencontré hier, tu serais mort
aujourd'hui, et, si tu es encore vivant, c'est parce que
tu as mangé du jambon volé, c'est parce que tu as bu du
vin volé ; si tu n'a pas les pieds gelés, c'est parce que je
t'ai donné des souliers volés ; si tu ne meurs pas de froid
en sortant d'ici, ce sera parce que tu auras sur le dos des
habits volés.

Ces vêtements si bons et si chauds, je n'y pensais plus,
tant je me trouvais bien dedans.

— Veux-tu me donner la chandelle? lui dis-je.

— Pourquoi?

— Pour aller reprendre mes vieux habits.

— Je ne te reproche pas ceux-là, je te les donne.

— Oui, mais je ne veux pas les garder.

Il me suivit en haussant les épaules dans la galerie où j'avais passé la nuit.

Je défis les vêtements qu'il m'avait donnés et repris mes guenilles humides; ce ne fut pas, je vous l'assure, une agréable sensation; quand je voulus mettre mes vieux souliers, je m'aperçus qu'il y en avait un qui était entièrement décousu.

Biboche me regardait sans parler; je voulus me détourner, car j'étais honteux de ma misère.

— Pour être un imbécile, dit-il d'une voix douce, tu en es un; mais ce que tu fais là, vois-tu, ça me remue là (il se frappa sur la poitrine); c'est donc bien bon de se sentir honnête?

— Pourquoi n'essaies-tu pas?

— Il est trop tard.

— Si tu es arrêté, condamné, qu'est-ce que dira ta mère?

— Ma mère! Ah! si j'en avais une! Tiens, ne me parle pas de ça!

Et comme je voulais l'interrompre:

— Vas-tu prêcher? s'écria-t-il, laisse-moi tranquille; seulement je ne veux pas que tu t'en ailles comme ça; puisque tu ne veux pas de ces vêtements parce qu'ils sont volés, veux-tu accepter ceux que j'avais quand je travaillais à Falaise? Je les ai bien gagnés, ceux-là; prends-les si tu as du cœur.

Je répondis que j'acceptais.

— Bien, continua-t-il avec une évidente satisfaction, sortons ensemble, je vais te les donner.

Nous rentrâmes à Paris, et il me conduisit dans une maison garnie qui était située auprès de la barrière. Il me fit monter dans une chambre, et tira d'une armoire une veste et un pantalon que je me rappelai très-bien lui avoir vus à Falaise; il me donna aussi des souliers, qui, sans être neufs, étaient encore bons.

— Maintenant, adieu, dit-il quand je fus habillé ; si tu rencontres les camarades, aie soin de ne pas les reconnaître.

Il n'était pas encore dix heures ; j'avais toute la journée pour trouver comment coucher la nuit prochaine.

Le temps était au sec ; chaudement vêtu, bien chaussé, l'estomac rempli, je n'étais pas trop tourmenté de cette difficulté, cependant considérable, de trouver un logis dans Paris.

Je ne pouvais aller voir Diélette.

Je me mis à marcher tout droit devant moi ; peut-être le hasard me viendrait-il en aide.

Mais après deux heures je n'avais rien trouvé, rien imaginé, et cependant j'avais traversé les quartiers les plus différents ; je me dis alors qu'il était plus sage de venir moi-même en aide au hasard, et je me dirigeai vers la Seine. Mon intention était d'aller à la Halle ; peut-être la brave femme qui m'avait donné vingt sous pourrait-elle me faire travailler ou du moins m'indiquer chez qui je pouvais demander du travail.

Tout d'abord elle ne me reconnut pas dans les habits de Biboche ; puis, quand je lui eus rappelé qui j'étais, elle me demanda ce que j'avais fait de ma sœur. Je lui contai ce qui s'était passé la veille, et je vis qu'elle était touchée : alors je lui dis que je ne voulais pas abandonner Diélette à Paris, que je voulais attendre qu'elle fût guérie ; mais que pour cela il fallait travailler ; que je ne savais à qui m'adresser, et que j'avais pensé, j'avais espéré…

— Tu as pensé à t'adresser à la mère Berceau, interrompit-elle, et tu as bien fait, mon garçon ; ça me flatte, vois-tu, que tu aies reconnu sur ma figure que je ne suis pas une femme à laisser mourir un enfant sur le pavé. On n'est pas riche, mais on se sent.

Elle appela deux ou trois de ses voisines, et l'on tint conseil pour savoir à quoi l'on pourrait m'employer ; ce qui était assez difficile, car à la Halle ce n'est pas l'usage que les enfants travaillent. Enfin, après de longues discussions, après qu'on m'eut fait subir dix interrogatoires, lorsqu'il fut reconnu que je savais bien écrire, on décida à l'unanimité que je serais employé aux écritures de la criée, si toutefois l'on pouvait m'y trouver une place.

Je n'assistai pas à ces démarches, qui, me dit-on, furent laborieuses; tout ce que je sais, c'est que le lendemain matin, à cinq heures, on m'installa derrière un pupitre à la criée du poisson, et je fus chargé de copier de petits bulletins; rien n'était plus facile; j'écrivais vite et lisiblement; quand madame Berceau vint voir si l'on était satisfait de mon travail, on lui répondit que cela irait très-bien, et que je pouvais compter sur trente sous par jour. Ce n'était pas une fortune; mais comme madame Berceau me donnait à coucher dans son magasin, c'était plus qu'il ne me fallait pour ma nourriture.

Diélette était entrée à l'hôpital le lundi; j'attendis avec grande impatience le jeudi, et quand j'eus fini mon travail à la criée, je me dirigeai rue de Sèvres. On m'avait donné à la Halle une cargaison d'oranges; l'inquiétude me poussait; j'arrivai avant l'ouverture des portes. Comment était-elle? vivante? morte?

Lorsqu'on m'eut indiqué la salle Saint-Charles, je me mis à courir, mais un infirmier m'arrêta et me dit que, si je faisais du tapage, on me renverrait immédiatement. Je me mis à marcher sur la pointe des pieds.

Diélette était vivante et déjà mieux! Jamais je n'oublierai l'expression de ses yeux quand elle me vit.

— Je savais bien que tu viendrais, dit-elle, si tu n'étais pas mort de froid.

Elle me fit lui raconter comment j'avais vécu depuis notre séparation. Quand je lui eus raconté l'épisode de la carrière:

— Bien, me dit-elle, bien, mon frère.

Elle ne m'avait jamais appelé son frère.

— Embrasse-moi, me dit-elle en me montrant sa joue.

Quand elle apprit ce qu'avait fait pour moi la mère
Berceau :

— Ah ! la brave femme, dit-elle, et ses yeux se rempli-
rent de larmes.

Puis ensuite ce fut à elle de me répondre. Elle avait
été bien malade, sans connaissance, avec la fièvre et le
délire ; mais elle était bien soignée ; il y avait une sœur
qui était très-bonne pour elle.

— Mais c'est égal, me dit-elle tout bas, je voudrais
bien m'en aller, parce que j'ai peur ; la nuit dernière, une
petite fille est morte là, dans le lit à côté, et quand on
l'a mise dans la *boîte au chocolat*, je me suis évanouie.

Diélette se trompait dans son espérance de quitter
bientôt l'hôpital ; elle avait été si rudement atteinte, que
la convalescence fut très-longue ; elle resta plus de deux
mois à Jésus.

Au reste, ce fut pour nous un bonheur ; pendant ce
temps, elle se fit aimer de ceux qui la soignaient, de la
sœur, du médecin et des internes qu'elle séduisit par sa
gentillesse ; tout le monde savait de notre histoire tout
ce que nous avions cru pouvoir en raconter, et l'intérêt
qu'elle inspirait rejaillissait sur moi ; quand je venais le
dimanche et le jeudi, on me recevait comme si j'avais
été un ami.

Enfin, son bulletin de sortie fut signé ; et en le lui remettant, le médecin et la sœur lui annoncèrent qu'ils
avaient pris leurs mesures pour que nous ne fussions pas
obligés de retourner à pied à Port-Dieu. On avait trouvé
un meneur de nourrices qui voulait bien nous recevoir
dans sa voiture et qui nous conduirait à Vire : à Vire, le
meneur paierait notre place dans la voiture publique
jusqu'au Port-Dieu ; on avait fait une collecte dans la
salle Saint-Charles, et l'on avait réuni vingt-cinq francs,
ce qui était plus que suffisant. Moi-même, pendant ces
deux mois, et en vue de notre voyage, que je ne savais
pas devoir être si facile, j'avais économisé six ou huit sous

par jour, ce qui me faisait une somme totale de vingt-
deux francs.

Quelle différence entre notre arrivée à Paris, deux mois
auparavant, et notre départ! La bonne madame Berceau
voulut nous conduire elle-même à la voiture, et elle nous
chargea de provisions de toutes sortes.

Ce n'est pas un véhicule bien confortable qu'une voiture pour les nourrices : deux banquettes en planches
dans le sens de la longueur, de la paille au milieu, voilà
tout ; mais pour nous c'était admirable.

On était à la fin de janvier ; le temps n'était pas trop
froid ; ce fut un voyage très-agréable : nous n'étions point
des délicats, et nous fîmes bon ménage avec les nourrices
qui retournaient au pays, chargées de leurs poupons ;
quand ils criaient trop fort, ou bien quand on procédait
à leur toilette, nous descendions et nous faisions un petit
bout de route à pied.

A Vire, le meneur nous emballa dans la diligence, qui
nous descendit à une lieue du Port-Dieu ; c'était un dimanche ; il y avait juste sept mois que j'étais parti.

Nous fîmes quelques centaines de pas sans parler ni
l'un ni l'autre, car tous deux nous étions embarrassés.
Ce fut Diélette qui, la première, rompit ce silence gênant :

— Allons moins vite, dit-elle, je voudrais te parler.

La glace était rompue.

— Moi aussi j'ai à te parler ; tiens, voilà une lettre que
tu donneras à maman, en entrant.

— Pourquoi une lettre ? dit-elle doucement ; pourquoi
ne viens-tu pas avec moi ? Pourquoi ne me conduis-tu pas
à ta mère ? comment sais-tu si elle voudra de moi ? Si elle
me renvoie, qu'est-ce que je deviendrai ?

— Ne dis pas ça, tu ne connais pas maman.

— Si, je la connais bien ; mais tu ne sais pas si elle
me pardonnera de ne pas t'avoir retenu. Est-ce qu'elle
pourra jamais croire que si je t'avais bien prié tu serais
parti ? Quoi ! tu auras bien voulu m'amener jusqu'ici et

tu n'auras pas voulu entrer chez elle pour l'embrasser?
Ça n'est pas naturel, ça.

— C'est justement ce que je lui explique dans ma lettre; je lui dis que si je continue ma route sans la voir, c'est
parce que je sens bien que, si je la voyais, je ne partirais
pas; alors si je ne partais pas, il faudrait retourner chez
mon oncle. Il y a un contrat, et mon oncle n'est pas un
homme à abandonner ses droits.

— Ta maman trouverait peut-être un moyen de ne pas
te laisser repartir.

— Si maman résistait à mon oncle, c'est elle qui paierait pour moi; tandis que, si je suis embarqué, il ne
pourra rien contre elle, et, quand je reviendrai, il ne
pourra rien non plus contre moi, parce qu'un marin in-
scrit appartient au gouvernement, et que le gouvernement est plus fort que mon oncle. J'ai bien pensé à tout
cela, va !

— Moi, je ne sais pas, je ne connais pas toutes ces affaires du gouvernement, mais je sens bien que ce que tu
fais là, c'est mal...

Je n'étais pas assez ferme dans ma conscience pour
entendre sans colère ce mot que moi-même je m'étais dit
tant de fois.

— C'est mal?

— Oui, c'est mal, et si ta maman t'accuse, si elle dit
que tu ne l'aimes pas, je ne pourrai pas te défendre,
puisque je penserai comme elle.

Je marchai près de Diélette un moment sans répondre;
j'étais ému, ébranlé, bien près de céder, cependant je me
roidis.

— Ai-je été méchant pour toi?

— Non, jamais.

— Crois-tu que je puisse l'être pour d'autres?

Elle me regarda.

— Réponds.

— Non.

— Crois-tu que je n'aime pas maman? crois-tu que je veuille la faire souffrir?

Elle espérait m'avoir vaincu, elle vit que je me défendais, elle ne répondit pas; alors je poursuivis :

— Eh bien! si tu m'as un peu de reconnaissance, si tu crois que je ne suis pas méchant, ne me parle plus ainsi; tu me déciderais peut-être à rester et ce serait notre malheur à tous.

Elle n'ajouta pas une seule parole, et nous marchâmes côte à côte en silence, tous deux émus et troublés.

J'avais pris un chemin à travers la lande, où j'étais presque certain de ne rencontrer personne; nous arrivâmes ainsi jusqu'au fossé qui servait de limite à notre cour. J'avais entendu sonner la sortie de la messe; ma mère devait être rentrée.

— C'est là, dis-je à Diélette en lui montrant, par-dessus les ajoncs, la maison où j'avais vécu si heureux, si aimé.

Elle sentit mon émotion au tremblement de ma voix.

— Romain! me dit-elle.

Mais je feignis de ne pas comprendre ce qu'il y avait de supplication dans ce seul mot.

— Tu vas descendre, lui dis-je vivement; en entrant, tu tendras la lettre à maman et tu lui diras : « Voici une lettre de votre fils; » tu verras, quand elle l'aura lue, qu'elle ne te repoussera pas. Dans six mois, je reviendrai. Je vous écrirai du Havre. Adieu.

Je voulus m'enfuir, mais elle se jeta sur moi.

— Ne me retiens pas, laisse-moi, tu vois bien que tu me fais pleurer.

Elle desserra les mains.

— Ne veux-tu pas que je l'embrasse pour toi?

J'avais déjà fait quelques pas en arrière, je revins et, lui passant les bras autour du cou, je l'embrassai; je sentis ses larmes couler sur mes joues.

Si je ne me sauvais pas, je ne partirais assurément point. Je me dégageai et, sans me retourner, je me mis à courir.

Mais au bout du chemin je m'arrêtai et revins en rampant me blottir dans les ajoncs. Diélette, après avoir descendu la cour, entrait dans la maison.

Longtemps elle y resta; je ne voyais, je n'entendais rien, l'inquiétude m'étranglait; si maman n'était plus là, si, comme la mère de Diélette, elle était...

Au moment où cette sinistre pensée se présentait à mon esprit, Diélette parut sur le seuil; puis, presque aussitôt derrière elle, ma mère.

Elle était vivante; Diélette était près d'elle, la main dans sa main; toutes les deux avaient les yeux rouges. Je me jetai à bas du fossé. Trois heures après je montais sous la bâche de la diligence et, en deux jours, par Caen et Honfleur, j'arrivais au Havre. Il restait sept francs dans ma bourse.

XII

J'avais cru que je n'aurais qu'à me présenter à bord d'un navire pour être immédiatement engagé.

A peine débarqué dans l'avant-port, je commençai ma promenade sur les quais pour faire mon choix; dans le bassin du Roi je ne vis que quatre ou cinq vapeurs, ce n'était pas mon affaire; dans le bassin de la Barre, je trouvai de grands navires américains d'où l'on déchargeait des balles de coton qui s'entassaient en montagnes sur le quai : ça n'était pas encore ce qu'il me fallait; je voulais un navire français.

En faisant le tour du bassin du Commerce, je fus émerveillé; il y avait là des navires de tous les pays du monde, des grands, des petits, une forêt de mâts enguirlandés de guidons, de flammes et de pavillons. Cela me parut plus beau que Paris.

Il y avait des navires qui exhalaient une odeur de cassonnade qui me faisait venir l'eau à la bouche; il y en avait d'autres qui sentaient le poivre et la cannelle. Partout on travaillait à charger et à décharger les cargaisons;

des douaniers regardaient rouler des balles de café et écoutaient les chants des matelots d'un air mélancolique.

Parmi ces navires, il y en eut un qui tout de suite me séduisit; il était peint en blanc avec un liston d'azur; c'était un petit trois-mâts; sur un tableau accroché aux haubans on lisait : « En charge pour Pernambuco et Bahia, l'*Étoile du matin*, capitaine Frigard, partira incessamment. » Comment ne pas faire un beau voyage sur un navire blanc et bleu? Pernambuco et Bahia, est-il dans la géographie deux noms plus séduisants?

Je montai à bord; l'équipage et des ouvriers du bord étaient occupés au chargement; on descendait dans la cale, grande ouverte, de lourdes caisses qui se balançaient au bout des chaînes. On ne fit pas tout d'abord attention à moi; mais comme je ne bougeais pas de place, n'osant trop m'approcher d'un monsieur qui inscrivait les caisses à mesure qu'elles passaient devant lui, et qui me semblait être le capitaine, je finis par attirer l'attention.

— Allez-vous-en! me cria ce monsieur.

— Monsieur, je voudrais vous parler.

Et je lui fis ma demande, c'est-à-dire que je désirais être mousse à bord de l'*Étoile du matin*.

Il ne me répondit même pas, et d'un geste il se contenta de me montrer le pont par lequel j'étais entré.

— Mais, monsieur...

Il leva la main; je n'insistai pas et sortis fort humilié, à vrai dire, un peu inquiet aussi.

Ne voudrait-on pas de moi?

Je n'étais pas dans une situation à me rebuter facilement. J'allai un peu plus loin; sans doute l'*Étoile du matin* était trop belle pour moi; je choisis cette fois un brick noir et sale en charge pour Tampico, et qui se nommait le *Congre*. On me répondit simplement qu'on n'avait besoin de personne. Dans un troisième, au lieu de m'adresser cà unapitaine, je m'adressai à un matelot; ma demande formulée, il haussa les épaules, et tout ce que j'en pus tirer fut que j'étais un drôle de petit bonhomme. Enfin, sur une goëlette en partance pour les côtes d'Afrique, le capitaine, qui n'avait pas du tout une figure rassurante, voulut bien m'accepter; mais quand il apprit que je n'avais pas de père pour signer mon engagement, pas d'inscription à la marine, pas de sac pour mon trousseau, surtout pas de trousseau, il m'engagea à sortir plus vite que je n'étais entré, si je ne voulais pas faire connaissance avec ses bottes.

L'affaire se présentait désagréablement, et je commençais à me trouver mal à l'aise. Me faudrait-il retourner au Port-Dieu? Si j'avais pu ne penser qu'à ma mère et à Diélette, cette nécessité eût été toute joie; mais mon oncle, et les engagements qui me liaient à lui... pouvais-je les oublier? Je continuai donc mes recherches.

En tournant autour des bassins, j'étais revenu à l'avant-port; la mer commençait à monter et déjà quelques petites barques de pêche prenaient le large. Je m'en allai sur la jetée voir l'entrée et la sortie des navires; il y avait longtemps que je n'avais assisté à ce spectacle, et ce mouvement de la marée, l'horizon magnifique qu'embrassaient mes regards, le va-et-vient des bateaux de Caen, de Rouen et de Honfleur, l'appareillage des grands navires pour les voyages lointains, avec les adieux, les mouchoirs voltigeants des passagers, les cris des marins, le grincement des poulies et des manœuvres, le mélange de toutes ces voiles blanches dans la rade depuis la côte jusqu'à la courbure extrême de la mer, me firent oublier ma préoccupation.

J'étais depuis plus de deux heures accoudé sur le parapet, lorsque je me sentis tirer par les cheveux. Surpris, je me retournai et me trouvai en face d'un des musiciens de la troupe de Lapolade, Hermann.

— Est-ce que Lapolade est au Havre?

Je fis cette question avec un air si effrayé que Her-

mann fut plus d'une minute à me répondre, tant il riait
formidablement. Enfin il se remit un peu et me dit que,
lui aussi, il avait quitté Lapolade pour se rendre auprès
d'un de ses frères qui habitait la république de l'Équa-
teur. Quant à Lapolade, je pouvais être sans crainte de
son côté; il avait fait un héritage considérable et il avait
vendu sa ménagerie, ou plutôt les débris de la ménagerie; car, quinze jours après notre fuite, Mouton, le pauvre
Mouton, était mort de faim et de chagrin. Après le départ
de Diélette, il était devenu tout à la fois terrible et sombre. Il avait obstinément refusé toute nourriture. Il semblait qu'il n'eût faim que de Lapolade, sur lequel il se jetait avec fureur dès qu'il le voyait. Mais comme Lapolade
ne s'était pas décidé à sauver la vie de son lion aux dépens
de la sienne, l'infortuné Mouton avait fini par succomber,
victime de son attachement et de sa fidélité à Diélette.

Hermann me demanda si j'étais enfin marin; je lui
racontai les difficultés que l'on me faisait.

Il avait été assez longtemps dans la banque pour avoir
l'esprit fertile en expédients.

— Si tu veux, dit-il, j'irai t'engager comme si tu étais
mon frère.

Et le trousseau?

C'était là une impossibilité. Hermann n'était pas beaucoup plus riche que moi. Son voyage était payé d'avance
par son frère jusqu'à Guayaquil, et nous ne pouvions pas,
avec nos ressources réunies, faire une pareille dépense.

Il fallut renoncer à cette idée; pour me consoler il
m'emmena dîner avec lui, puis après dîner au théâtre,
où l'un de ses compatriotes, musicien de l'orchestre, nous
donna deux places. On jouait comme première pièce une
comédie qui a pour titre *Guerre ouverte*, et dans laquelle
on apporte un des personnages dans une caisse.

— Voilà ton affaire, me dit-il; à l'entr'acte, je t'expli-
querai mon idée.

Son idée était d'acheter une grande caisse: je me

cacherais dedans; une heure avant le départ, il la porte-
rait à bord bien fermée, bien cordée. Lorsque nous se-
rions au large, il l'ouvrirait, et le capitaine, dans l'impossibilité de me débarquer, à moins de me jeter par-dessus le
bord, serait bien forcé de me garder; une fois en route,
ce serait à moi de trouver le moyen de me faire employer.

C'était insensé, mais cela avait une certaine tournure
aventureuse qui me séduisait.

Le lendemain, nous visitâmes toutes les boutiques des
brocanteurs de la ville, et nous trouvâmes, pour dix
francs, une grande caisse cerclée en fer qui était juste à
ma taille, comme si elle eût été faite sur mesure. Hermann l'emporta chez lui, où il m'avait donné l'hospitalité,
et il y perça plusieurs trous pour me permettre de respirer; je me plaçai dedans, il la ferma et j'y restai deux
heures parfaitement à mon aise; je pouvais remuer les
bras et les jambes, et me mettre sur le côté ou sur le dos,
quand je voulais changer de position.

Le navire sur lequel Hermann avait pris passage partait le lendemain à la pleine mer de deux heures du soir;
j'occupai mon temps jusque-là à visiter ce navire, qui
s'appelait l'*Orénoque*, et à écrire une longue lettre à ma
mère pour lui dire que j'étais enfin embarqué et que je
lui demandais pardon d'agir ainsi contre sa volonté, mais
que j'espérais que c'était pour notre bonheur à tous; à
cette lettre j'en joignis une pour Diélette; j'avais à lui
conter tout ce que j'avais appris de Hermann; j'avais à
lui recommander aussi d'être bien douce avec maman.

Deux heures avant la pleine mer, c'est-à-dire à midi,
Hermann me fit entrer dans la caisse, et me donnant un
morceau de pain :

— A demain, me dit-il en riant; si tu as trop faim, tu
pourras manger.

Je devais rester vingt heures dans cette boîte, car nous
avions réfléchi que dans les environs du Havre nous
étions exposés, si je me montrais trop tôt, à ce que le

capitaine me débarquât sur une barque de pêche ou sur un bateau-pilote, tandis qu'au large, le danger d'une rencontre était beaucoup moins à craindre. Depuis plusieurs jours les vents du sud soufflaient assez fort; en vingt heures, nous devions être bien au delà de Cherbourg, en pleine Manche.

Nous avions attaché deux poignées de cuir à l'intérieur, j'y passai les bras pour ne pas être ballotté dans les secousses du transport. Hermann ferma les deux serrures à clef, fit plusieurs tours à la corde et me chargea sur son dos. Il riait si fort que j'étais secoué comme sur un cheval.

Quand il arriva à bord de l'*Orénoque*, cette gaieté fut brusquement coupée.

— Qu'est-ce que vous apportez là? cria le capitaine.

— Ma malle.

— Il est trop tard : les panneaux sont fermés.

C'était bien sur cette fermeture que nous avions compté, car les panneaux ouverts, on me descendait dans la cale, on entassait d'autres caisses par-dessus la mienne, et j'étais dans ma boîte jusqu'à Guayaquil; tandis que, les panneaux fermés, on me déposait sur le pont ou dans la cabine de Hermann.

Mais les choses ne s'arrangèrent pas aussi facilement ; longtemps le capitaine refusa de recevoir la caisse, et je crus que j'allais être reporté à terre; enfin on me descendit dans l'entre-pont, avec d'autres caisses arrivées au dernier moment.

— On l'arrimera en route, dit un matelot.

En route, cela m'importait peu; j'espérais bien ne pas être longtemps dans la caisse.

J'entendis bientôt les amarres tomber dans l'eau, en même temps l'on vira au cabestan, et sur ma tête résonna le pas cadencé des matelots qui halaient le navire hors le bassin.

Par les bruits de la manœuvre je pouvais la suivre dans

ma caisse, comme si de mes yeux je l'eusse vue sur le
pont.

En entendant un roulement de voitures, une confusion
de voix, je compris que nous étions dans l'écluse. Le navire resta immobile durant quelques minutes, puis je
sentis qu'il était doucement entraîné en avant; — c'était
le remorqueur qui venait de le prendre; un léger balancement m'inclina d'avant en arrière, nous étions dans
l'avant-port. Le balancement devint plus sensible, —nous
étions entre les jetées; les poulies grincèrent, on hissait
les voiles : le navire s'inclina sur le côté, la remorque
tomba dans l'eau, le gouvernail gémit, — nous prenions
le large.

C'en était donc fait, ma vie de marin commençait ! Ce
moment tant désiré, que j'avais acheté au prix de tant de
fatigues, et qui devait, je le croyais, me donner une si
grande joie, me laissa triste et inquiet. Il est vrai que la
situation n'était pas propice à la gaieté.

Peut-être sur le pont, mêlé aux matelots, occupé de la
manœuvre, voyant devant moi la mer ouverte et derrière
la terre et le port, je me serais jeté avec bonheur dans
l'inconnu; enfermé entre les quatre planches d'une malle,
je ne pus me défendre d'un sentiment d'effroi.

Je fus tiré de mes tristes réflexions par trois ou quatre
petits coups frappés contre ma caisse; mais comme on
ne parlait pas, je n'osai répondre de peur que ce fût un
matelot; les coups ayant repris de manière à me bien
faire comprendre que c'était Hermann, je cognai à mon
tour avec mon couteau.

Cet avertissement calma mon inquiétude; après tout,
je n'étais pas abandonné, il ne s'agissait que de quelques
heures à passer dans cette boîte; en sortant je me trouverais en pleine mer et le monde serait à moi.

Le vent était frais; le navire, qui présentait le travers
à la lame, roulait beaucoup. Habitué tout enfant à aller
à la pêche et à me faire balancer dans les barques à

l'ancre, je n'avais jamais éprouvé le mal de mer; je me croyais bien à l'abri de cette indisposition; je fus très-désagréablement surpris de me sentir bientôt le cœur embarrassé.

Je crus tout d'abord que ce malaise était causé par la difficulté que j'éprouvais à respirer; car, malgré les trous que nous avions eu la précaution de percer dans les planches, l'air ne pénétrait que difficilement dans la boîte, et il en sortait plus difficilement encore, si bien qu'il y faisait une chaleur lourde; mais mon malaise se précisa. Les étourdissements et le sentiment indéfinissable de tournoiement que j'éprouvais, lorsque le navire s'enfonçait dans un coup de tangage, ne me laissèrent plus aucun doute. Cela m'inquiéta assez vivement, car j'avais vu des gens atteints de ce sot mal pousser de véritables beuglements; si j'allais en faire autant, et si un matelot passant près de ma caisse, pendant une de ces crises, m'entendait!

J'avais souvent entendu dire que le meilleur remède contre cette maladie était le sommeil; comme c'était le seul qui fût à ma disposition, je m'enfonçai la tête entre les mains et, de toutes mes forces, je tâchai de m'endormir. Assez longtemps ce fut inutilement; le lit n'était pas doux. Si encore j'avais eu la précaution de garnir ma prison d'un peu de paille! Mon cœur suivait les mouvements du navire, se soulevant, s'affaissant avec lui; mais enfin l'assoupissement me gagna.

Combien de temps je dormis, je n'en sais rien, car, la lumière ne pénétrant pas dans ma boîte, j'étais plongé dans une obscurité absolue, qui ne me permettait pas de savoir s'il était jour ou nuit; seulement, au silence qui régnait sur le bâtiment, je compris que nous devions être dans la nuit; je n'entendais sur le pont que le pas régulier des hommes de quart, et par intervalles le grincement du gouvernail. Le roulis avait augmenté : il y avait des craquements dans la mâture, des sifflements et des ronflements dans les agrès ; des coups de mer, en frappant lourdement contre le bordage, indiquaient que le vent soufflait plus fort.

Soit que la fraîcheur de la nuit eût rendu l'air de la malle plus respirable, soit que je me fusse habitué au roulis, je ne sentais plus le mal de mer, et ne tardai pas à me rendormir, bercé par cette musique grave qui me reportait en pensée dans ma petite chambre de la maison paternelle durant les nuits de gros temps.

Cette fois, je fus réveillé par un épouvantable fracas : un craquement, un déchirement de tout le navire, suivi aussitôt d'un effondrement sur le pont comme si la mâture s'écroulait tout entière ; les cordages cassaient avec un bruit semblable à une détonation, les mâts éclataient.

— Stop ! cria une voix en anglais.

— Tout le monde sur le pont ! cria une voix en français.

Au milieu d'une confusion de cris et de bruits s'éleva un mugissement rauque, que je reconnus tout de suite ; c'était l'échappement de la vapeur. Nous avions dû être abordés par un vapeur anglais qui s'était jeté sur nous, et notre navire s'était couché sur le côté, car j'avais roulé contre une des parois de la malle.

Avant que je fusse revenu de mon saisissement, le mugissement de la vapeur cessa, il y eut un nouveau craquement, et une formidable clameur s'éleva de notre bord ; presque aussitôt notre navire se releva ; le vapeur anglais avait-il coulé bas, ou bien s'était-il éloigné ?

Je me mis à pousser des cris désespérés pour appeler un homme d'équipage qui vînt me délivrer, et j'écoutai : sur le pont, un murmure de voix et des pas précipités allant et venant de tous côtés ; contre la muraille du bâtiment, les vagues brisant avec force ; au-dessus de tout, le mugissement du vent qui soufflait en tempête.

Allions-nous couler ? Hermann allait-il donc me laisser dans cette boîte ? Je ne saurais dire quel horrible sentiment d'angoisse me serra le cœur. Mon sang s'arrêta, mes mains se mouillèrent de sueur comme si elles eussent trempé dans l'eau. Instinctivement je voulus me lever, ma tête frappa le couvercle de la malle. Je m'agenouillai afin de pousser de toutes mes forces; les deux serrures étaient solides, le couvercle était jointoyé et assemblé avec des traverses de chêne; rien ne bougea. Je retombai mort de peur, d'épouvante.

Après quelques instants, je me mis à crier de nouveau, et à appeler Hermann, mais un grand bruit s'éleva sur le pont qui m'empêcha d'entendre moi-même ma voix; avec des haches, on coupait les mâts.

Et Hermann qui ne venait pas me délivrer! Que faisait-il donc?

En même temps que des hommes débarrassaient la mâture, d'autres travaillaient aux pompes, j'entendais le tic-tac régulier du balancier.

Nous coulions; je me ruai désespérément contre le couvercle; il ne fut pas ébranlé et je retombai, anéanti de mon impuissance, fou de rage et d'effroi.

— Hermann! Hermann!

Toujours les mêmes bruits au-dessus de ma tête, c'est-à-dire sur le pont, mais rien du côté où j'étais enfermé. Ma voix se perdait dans cette caisse. Et si quelques cris éclataient au dehors, ils étaient étouffés, emportés par le souffle puissant de la tempête.

Hermann était-il donc tombé à la mer? avait-il été emporté par une vague? était-il écrasé par un mât? ou bien, tout à la pensée de son propre salut, ne songerait-il pas au mien? Alors j'allais donc mourir noyé dans cette boîte!

Et pas de secou... à attendre!

Attendre la mort avec courage, la voir en face n'est pas chose impossible de la part même d'un enfant; lorsqu'on est libre, au moins on peut se défendre, et la lutte vous soutient; mais enfermé comme je l'étais entre quatre planches, pouvant à peine me soulever et respirer ! cela me paraissait à la fois misérable et monstrueux !

Je me jetai avec furie contre les parois de ma prison ; elles tinrent bon et ne ployèrent seulement pas. Je voulus crier de nouveau, ma gorge desséchée ne laissait sortir aucun son. Je ne sais pas comment un homme eût supporté une pareille situation ; je n'étais qu'un enfant, je m'évanouis.

Quand je revins à moi, après combien de temps, je l'ignore, j'eus une étrange sensation ; il me sembla que j'étais mort et au fond de l'eau, ballotté par le remous. Mais les bruits du pont me rappelèrent à la réalité. On pompait toujours, et j'entendais par instants le glou-glou sinistre de l'eau dans les clapets. Le vent hurlait dans le navire, et les vagues frappaient contre lui des coups sourds qui l'ébranlaient ; il roulait si effroyablement que je heurtais tantôt le côté droit, tantôt le côté gauche de ma caisse. Je recommençai mes cris, m'arrêtant de temps en temps pour écouter : rien, si ce n'est le tumulte assourdissant de la tempête.

J'étouffais, je défis mes vêtements. Quand j'ôtai mon gilet, une de mes mains rencontra mon couteau, que j'avais oublié ; c'était un solide couteau de paysan à manche de corne, à lame forte et coupante.

Puisque personne ne venait à mon secours, c'était à moi de m'aider moi-même.

J'ouvris mon couteau et j'attaquai une des serrures de la malle, non pour la faire sauter, j'aurais cassé mon couteau, mais en entaillant le bois tout autour. Ce bois était du hêtre desséché par vingt ou trente années de service, il était dur comme fer et mon couteau l'entamait difficilement.

Je mettais tant d'ardeur à ce travail que je ne tardai pas à être inondé de sueur ; le couteau me glissait entre les doigts, et à chaque instant j'étais obligé d'essuyer mes mains.

Je n'avançais guère, car le roulis et le tangage me faisaient à chaque instant lâcher prise; au moment où j'appuyais le plus fort sur mon couteau, j'étais jeté contre la paroi opposée.

Enfin la serrure fut ébranlée et je comptai sur une secousse pour la détacher tout à fait. J'attaquai la seconde; mon couteau s'était tellement échauffé qu'en rafraîchissant la pointe dans ma bouche je me brûlai la langue.

On ne pompait plus, mais le mouvement sur le pont n'avait pas cessé; les pas étaient plus précipités; on travaillait évidemment avec activité. A quoi? Je ne pouvais le deviner.

Il y avait des roulements sourds comme si l'on traînait quelque chose de très-lourd, une grande caisse, une embarcation. Pourquoi? Qu'est-ce que cela voulait dire?

Je n'avais ni le temps de le chercher, ni le temps d'écouter; je me remis au travail.

Mon couteau ne coupait presque plus, et j'entamais encore moins facilement le bois autour de cette seconde serrure qu'autour de la première. J'y employais pourtant toute ma force, toute mon énergie; mais par instants mon bras s'engourdissait, j'avais les reins brisés par la gênante position dans laquelle je me tenais, et j'étais forcé de m'arrêter un peu.

Alors j'entendais le souffle de l'ouragan, le choc des vagues, les gémissements du navire qui craquait.

Certainement mon travail dura plus d'une demi-heure. Combien longue pour moi, vous ne pouvez le sentir. Enfin la seconde serrure, comme la première, fut ébranlée.

Je me mis à genoux et, m'arc-boutant sur les mains, je poussai avec mon dos de toutes mes forces contre le couvercle pour le faire sauter : les deux serrures se détachèrent, le couvercle ne s'ouvrit point.

11.

Il était solidement, à chaque bout, attaché par une corde ; je l'avais oublié.

Il fallait maintenant couper cette corde. Je crus tout d'abord que ce serait très-facile ; je me trompais, car le couvercle, tout en se soulevant un peu, ne sortait pas de la feuillure, et je devais enlever cette feuillure avant d'arriver à la corde. C'était un nouveau travail à entreprendre.

Je ne me décourageai pas et m'y mis aussitôt : heureusement je coupais maintenant dans le fil du bois. Enfin j'arrivai aux cordes, je les coupai, j'étais libre.

Je poussai vivement le couvercle, il se souleva un peu et retomba ; je le poussai plus fort, il ne s'ouvrit pas davantage ; qu'est-ce qui pouvait donc le retenir encore ?

J'eus une angoisse si cruelle que je me laissai retomber au fond de la malle, anéanti.

Mais j'en avais trop fait pour ne pas lutter jusqu'au bout. Le couvercle s'ouvrait assez pour me permettre de passer la main, et, arrivé à cette hauteur, il s'arrêtait sans que rien pût l'ébranler. Je passai ma main par cette ouverture et tâtai tout autour, car il faisait nuit et je ne voyais rien qu'une faible lueur blanche presque insensible.

A force de tâter, de chercher, je compris à quel obstacle j'avais affaire : c'était une grande, une énorme caisse ! Posée sur une autre, elle couvrait ma malle à moitié, et, sans s'appuyer absolument dessus, elle ne laissait cependant pas le couvercle fonctionner. Je tâchai de la pousser ; elle était trop lourde, elle ne bougea pas ; d'ailleurs, dans la position où j'étais, je n'avais aucune force ; mon bras ne pouvait, pour ainsi dire, pas s'étendre ; entreprendre de la soulever ou seulement de la déranger était folie.

Je ne m'étais donc donné tant de peine que pour en arriver là ; que faire maintenant ? Je tremblais d'impatience et d'angoisse, et il me semblait que mon sang bouillonnait dans ma tête comme dans une chaudière.

C'était peut-être la malle qui avait étouffé ma voix ; maintenant que je pouvais l'entr'ouvrir, on m'entendrait.

Je poussai des cris désespérés. Puis j'écoutai. Sur le pont, il se fit un grand tapage, et il me sembla que quelque chose tombait à l'eau. Puisque je les entendais, ils devaient m'entendre aussi. Je criai encore. En écoutant de nouveau, je n'entendis plus de roulements, plus de bruits de pas, plus rien que le mugissement du vent; mais, chose étrange! il me sembla que des cris partaient de la mer contre le bordage où ma caisse était appuyée.

Décidément on ne m'entendrait pas. Je résolus de démonter les charnières du couvercle ; par ce moyen, si je réussissais, je n'aurais pas besoin de l'ouvrir, je n'aurais qu'à le faire glisser pour être libre.

Je me mis au travail avec plus de hâte encore ; ce silence m'effrayait horriblement ; l'équipage avait-il été enlevé par la mer? C'était possible, car la violence du roulis et du tangage, le hurlement du vent me disaient que nous étions en pleine tempête.

Les charnières étaient moins solides que les serrures ; je n'eus pas besoin d'entailler le bois ; j'aurais dû commencer par là et non par les serrures, elles n'étaient que clouées; avec la pointe de mon couteau, je parvins à en détacher une, et cela fait, en secouant vigoureusement le couvercle, je fis tomber les clous de l'autre.

Je poussai le couvercle, il glissa librement. Je sautai hors de cette horrible prison. Avec quelle joie je me retrouvai libre enfin de mes mouvements ! Mourir dans ce coffre, c'eût été mourir dix fois !

Ce succès relatif m'avait rendu presque l'espoir. Je n'étais pourtant pas au bout de mes épreuves. Guidé par un filet de lumière, je me dirigeai à tâtons vers l'escalier; le capot était rabattu, heureusement il n'était pas fermé, je le poussai et me trouvai sur le pont.

Il faisait à peine jour, mais dans ma caisse mes yeux s'étaient habitués à l'obscurité ; d'un regard j'embrassai tout le pont, je ne vis personne; au gouvernail personne non plus. Le navire avait été abandonné par l'équipage.

Je sautai sur la dunette, et, regardant au loin, j'aperçus dans le pâle rayon du matin un point noir sur la mer ; c'était la grande chaloupe.

Je criai tant que je pus ; mais la barque était bien trop loin, la bourrasque était bien trop violente pour que ma faible voix pût être entendue.

J'étais seul sur ce navire abandonné au milieu de la mer, désemparé, coulant bas ; et cependant telle avait été mon angoisse dans cette misérable malle que je me sentis moins épouvanté.

En regardant autour de moi, je vis que l'*Orénoque* avait été abordé par le travers au milieu de la coque, c'était miracle qu'il n'eût point été coupé en deux ; mais le vapeur anglais l'avait frappé obliquement ; dans ce choc il avait brisé les haubans du grand mât et du mât d'artimon, et ces deux mâts, n'étant pas soutenus précisément du côté d'où venait le vent qui chargeait les voiles, s'étaient brisés comme des allumettes ; il ne restait plus de la mâture que la moitié du mât de misaine et le beaupré intact, de la voilure il ne restait que le foc et le grand hunier déchiré en lambeaux.

Le jour se levait : du côté de l'orient, les contours des nuages s'éclairaient de lueurs fauves, fugitives, changeantes comme l'éclair et qui se perdaient bien vite dans le ciel noir. La mer était blanche d'écume à perte de vue et, sous cette lumière blafarde, elle avait un aspect sinistre ; le vent soufflant en tempête aplatissait les vagues.

Si l'équipage avait abandonné le navire, c'est que celui-ci était en danger ; il n'y avait pas besoin de longues réflexions pour comprendre cela.

Livré au caprice du vent et des vagues, sans gouvernail et sans voilure, il roulait effroyablement, et les paquets de mer s'abattaient sur la coque à croire qu'ils allaient l'enfoncer. Pour me tenir debout sur le pont, j'avais dû m'accrocher à une manœuvre et j'étais déjà aussi mouillé que si je fusse tombé dans l'eau.

Je voulus voir au juste quelles étaient les avaries de l'abordage ; en me cramponnant par-dessus le bastingage, je vis que tout le flanc du navire était déchiré. Cette déchirure s'étendait-elle au-dessous de la ligne de flottaison ? il me fut impossible de m'en rendre compte ; combien d'eau dans la cale ? je ne pus le savoir non plus, car je ne pouvais faire fonctionner les pompes trop lourdes pour moi.

Combien de temps l'*Orénoque*, dans cet état, pourrait-il encore résister au vent et à la mer ? Toute la question était là.

Qu'il dût couler bas, cela ne faisait pas de doute pour moi ; mais peut-être n'allait-il pas couler tout de suite ; un navire pouvait l'apercevoir et me sauver. Je ne perdis pas tout espoir ; et, en pensant que c'était par la lutte que j'avais pu sortir de mon horrible boîte, je pris la résolution de lutter encore et de ne pas m'abandonner.

J'avais assez la connaissance des choses de la marine pour savoir que, si le navire restait ainsi sans direction, il ne tarderait pas à se disloquer ou bien à sombrer dans un coup de mer. Je devais donc me mettre au gouvernail et, sans me préoccuper de direction, essayer de profiter du foc pour appuyer le navire contre la lame.

Mais je n'avais jamais gouverné que de petites barques ; à peine avais-je pris la roue de ce grand navire qu'un coup de mer lui imprima un irrésistible mouvement de rotation qui me fit lâcher prise, et m'envoya tomber à quatre ou cinq pas.

Heureusement tout avait été paré à bord pour résister à cette tempête : la barre était garnie de ses palans, ce qui permettait de gouverner sans danger ; comme je n'avais aucune direction à suivre, puisque je ne savais où j'étais, j'attachai cette barre de manière à avoir tout simplement vent arrière.

Ma grande espérance était la rencontre d'un navire ; je tâchai donc de m'installer de mon mieux sur la dunette, pour voir au large et embrasser du regard tous les points de l'horizon.

Il me sembla que le vent diminuait de violence; le jour s'était fait, et le ciel était moins chargé de nuages; il y avait de petits trous, où se montraient des lueurs d'un bleu pâle; et, bien que la mer fût toujours aussi tourmentée, l'espérance me revint. Si près des côtes, il était impossible qu'un navire ne parût pas.

Pendant trois heures au moins, je restai les yeux fixés sur l'horizon sans rien voir. Le vent faiblissait sensiblement; la mer se calmait, c'est-à-dire que les vagues, ne se heurtant plus dans une confusion désordonnée, prenaient une ampleur qui fatiguait beaucoup moins le navire, en lui donnant le temps de s'élever et de s'abaisser.

Tout à coup il me sembla apercevoir un point blanc sur le fond noir d'un gros nuage traînant dans la mer. Le point grossit, c'était un navire; il grossit encore; il naviguait vent arrière, c'est-à-dire dans le même sens que l'*Orénoque*.

Je m'élançai à la barre pour gouverner de manière à le couper; mais tandis qu'il avait toutes ses grandes voiles dehors, je n'en avais qu'une petite qui n'offrait presque pas de prise au vent.

Pendant une demi-heure, je le vis grandir encore au point de pouvoir compter ses voiles, puis il me sembla qu'il diminuait.

Je courus à la cloche, je la sonnai avec furie, puis, sautant sur le bastingage, je regardai. Il avait diminué de grosseur encore, et il continuait sa route! Décidément il ne m'avait ni vu ni entendu...

Ce fut une cruelle déception : pendant une heure, je le suivis des yeux; il diminua, diminua, ne fut plus qu'un point, ne fut plus rien; et je me retrouvai seul dans l'immensité.

Ce n'était pas assez qu'il passât des navires, il fallait qu'ils vissent eux-mêmes l'*Orénoque;* ce n'était pas assez d'attendre leur secours, il fallait le faciliter, le préparer, l'amener jusqu'à moi.

Je pris dans le coffre aux signaux le plus grand pavillon que je pus y trouver; puis, comme les drisses étaient cassées, je grimpai l'attacher au haut du mât de hune. Ce fut une rude ascension par le roulis qu'il faisait, mais j'avais été heureusement habitué à ce métier et je redescendis sans encombre, plein d'espoir dans ce large drapeau qui flottait au vent : il dirait à ceux qui le verraient qu'il y avait un navire en détresse.

Ma crainte la plus vive, maintenant que la mer se calmait, était dans la voie d'eau; mais rien ne m'indiquait qu'elle augmentât; le navire ne paraissait pas s'enfoncer. Cependant, pour ne rien négliger si l'*Orénoque* venait à couler sous moi, je ramassai les planches et les coffres que je pus trouver, et, attachant le tout solidement, j'en fis une sorte de radeau.

Les heures s'avançaient vers midi, et depuis la veille je n'avais pas mangé; la faim commença à parler. La cambuse du cuisinier avait été emportée à la mer lorsque le navire avait été démâté; je me décidai à descendre pour chercher ma nourriture.

Mais ce ne fut pas sans de longues hésitations que je pris cette résolution : si le navire sombrait pendant que j'étais dans l'entre-pont? La faim l'emporta sur la peur.

Je descendis; je n'avais point fait deux pas que j'entendis un grognement. Je reculai épouvanté. D'un saut brusque et violent, l'animal qui l'avait poussé m'écarta. C'était le chien du capitaine qui avait été oublié. Il sortait de son coffre lui aussi et à sa façon. Il arriva plus vite que moi sur le pont. Une fois là, il se retourna et me regarda assez longtemps avec défiance; mais sans doute son examen le rassura, car bientôt il s'approcha de moi et me tendit son museau. Nous fûmes tout de suite bons amis; il me suivit; comme moi, il avait faim.

Je trouvai tout ce que je pouvais désirer : du pain, de la viande froide, du vin. Je m'emparai de ce qui me tomba sous la main et remontai promptement.

J'étais à deux pas de la mort, je mangeai cependant avec appétit; le chien, assis devant moi, courait après les morceaux que je lui jetais. Nous étions déjà liés, je ne me sentais plus seul; le repas fini, il se coucha à mes pieds et resta près de moi. Il me regardait avec de si bons yeux que je l'embrassai.

En passant dans la cabine du capitaine, j'avais vu des pistolets sur une table; j'allai les chercher : si j'apercevais un navire, ils me serviraient peut-être à provoquer son attention.

La journée s'écoula ainsi sans qu'une seule voile parût; la mer n'était plus que faiblement houleuse et le vent était à peine sensible : l'*Orénoque* se comportait toujours bien et la voie d'eau devait être aveuglée. Ce fut sans trop d'effroi que je vis s'avancer la nuit. Il me semblait que Turc et moi nous ne devions pas être bien éloignés des côtes; peut-être dans l'obscurité j'allais apercevoir un phare; alors je n'aurais qu'à gouverner dessus pour être sauvé.

Le soir tomba tout à fait; mon espérance ne se réalisa pas. Successivement les étoiles s'allumèrent dans les profondeurs du ciel; je n'aperçus pas de phare.

En même temps que les pistolets, j'avais pris dans la cabine un monceau de vêtements; je m'en fis un chaud matelas, et m'établis dessus, décidé à ne pas fermer les yeux de toute la nuit, et à interroger toujours l'horizon.

Longtemps je restai ainsi les yeux perdus dans l'obscurité, qu'ils cherchaient inutilement à percer. Turc, couché près de moi, s'endormit; le vent s'apaisa, et le navire n'éprouva plus qu'un balancement régulier, qui n'avait rien d'inquiétant. Vers dix ou onze heures, la lune se leva et me montra tout à l'entour une mer calme qui clapotait doucement en faisant miroiter la lumière. Insensiblement, le calme me gagna, le ronflement du chien m'engourdit, et, malgré mes efforts pour me tenir éveillé, je m'endormis.

Mais ce calme sur la mer n'était pas la fin du mauvais temps; vers le matin, je fus éveillé par la fraîcheur du vent; des nuages couraient bas, et la mer commençait à se troubler.

Le vent fraîchit vite; j'allai interroger la boussole : elle indiquait qu'il était au nord-ouest. Je mis la barre vent arrière, car, sans savoir où j'étais, il me semblait que c'était une bonne direction pour trouver les côtes de Normandie a · de Bretagne.

En moins d'une heure, la mer redevint aussi tourmentée que la veille, et elle recommença à embarquer à bord de l'*Orénoque*, qui s'enlevait mal à la lame ou plutôt ne s'enlevait pas du tout, si bien que des paquets d'eau balayaient le pont d'un bout à l'autre.

Sous l'effort du vent, le mât de misaine, déjà ébranlé, craquait avec des bruits sinistres; les haubans et les cordages avaient molli, et je craignais, à chaque rafale nouvelle, de le voir s'abattre. Alors c'en était fait, l'*Orénoque* sombrait.

Je ne quittais pas ce mât des yeux, quand il me sembla apercevoir à l'avant une ligne sombre qui se continuait au loin. Malgré le danger, je m'élançai dans les haubans. C'était la terre !!

Je courus au gouvernail et mis la barre droit sur cette ligne : mes jambes tremblaient, et, par un singulier effet de joie, j'avais les yeux pleins de larmes. Sauvé! étais-je sauvé?

La ligne se dessina bien vite assez nettement. l'*Orénoque* irait-il jusque-là? le mât tiendrait-il bon?

Je passai là une heure de cruelle angoisse, car la violence du vent allait toujours croissant, et le mât tremblait avec des craquements qui m'étreignaient le cœur. Turc, assis devant moi, ne me quittait pas des yeux. Il semblait qu'il cherchait à lire dans mes regards.

La côte vers laquelle le navire courait était basse : à une certaine distance du rivage, elle s'élevait en pente douce pour former des collines; je ne voyais ni villages ni ports.

Mon espoir, vous le pensez bien, n'était point d'entrer l'*Orénoque* dans un port, lors même qu'il s'en fût trouvé un devant moi; c'était une tâche au-dessus de mes forces, et même, je le crois bien, qui eût été au-dessus de celles de vrais marins, avec un navire dans cet état : je ne demandais qu'à échouer à la côte et à me sauver à la nage.

Mais serait-il possible d'arriver jusqu'à la côte? n'était-elle pas défendue par des rochers sous-marins qui ne laisseraient point passer le navire?

Dans ce doute terrible, je détachai les différentes pièces du radeau que j'avais formé la veille, et je les plaçai autour de moi, pour en trouver au moins une à ma portée si le navire sombrait; je me déshabillai, ne gardant que mon pantalon, et j'attendis.

La côte était maintenant distinctement visible dans tous ses détails, et j'apercevais très-bien les vagues se briser en un long cordon d'écume sur le rivage : la marée était basse.

Encore un quart d'heure, encore dix minutes, encore cinq, et mon sort allait s'accomplir. O maman! ô Diélette!

Au moment où je me laissais attendrir par cette pensée, le navire fut irrésistiblement soulevé, j'entendis un craquement, la barre fut arrachée du gouvernail, la cloche tinta quelques coups, le mât vacilla, tomba en avant, et je fus jeté à plat ventre sur le pont : l'*Orénoque* avait touché.

Je me relevai; une seconde secousse me fit tomber de nouveau. Le navire craquait de l'avant à l'arrière; avec un choc épouvantable, il s'arrêta brusquement et se coucha sur le côté.

Je voulus me relever et me cramponner, je n'en eus pas le temps : une vague s'abattit sur le pauvre navire devenu un obstacle et je me sentis entraîné dans un tourbillon d'eau.

Quand je pus sortir de ce tourbillon, j'étais déjà à quinze ou vingt mètres du navire; à quelques pas de moi nageait le chien qui me regardait désespérément. Je l'encourageai de la voix.

Nous n'étions pas à plus de deux cents mètres de la plage. En temps ordinaire, cette distance n'eût rien été pour moi, mais avec les montagnes d'eau qui se ruaient sur la grève, c'était une terrible affaire.

Sans perdre courage, je nageai doucement en tâchant surtout de m'élever au-dessus de la lame; mais, au milieu de ces tourbillons d'écume, c'était presque impossible, et c'était à peine si je pouvais respirer entre deux vagues.

Je ne voyais personne sur la plage, et bien évidemment je n'avais pas de secours à espérer. Heureusement le vent et la mer poussaient à la côte. Dans le creux d'une vague, je sentis la terre du pied; c'était le moment décisif. La vague qui suivit me lança contre la grève comme elle eût fait d'un paquet de varech. Je tâchai d'enfoncer mes doigts dans le sable, mais le ressac me prit et m'entraîna avec lui. Une seconde vague me rejeta sur le sable, le ressac me reprit encore sans qu'il me fût possible de me cramponner.

Je compris que si je voulais continuer cette lutte je serais bien vite noyé. Je regagnai le large : je ne pouvais me sauver que par un moyen dont mon père m'avait autrefois parlé. Dans un moment de repos entre deux vagues, j'atteignis mon couteau et l'ouvris. Alors je nageai vers la terre, et quand la vague m'eut jeté sur la plage, je plantai mon couteau dans le sable; le ressac me tira à lui, mais j'avais un point d'appui, je pus résister. La vague retirée, je me relevai et courus en avant; celle qui vint ne me couvrit que jusqu'aux jambes; je fis encore quelques pas et tombai sur le sable.

J'étais sauvé, mais si à bout de forces que je perdis connaissance.

Ce fut mon ami Turc qui, en me léchant la figure, me fit revenir à moi. Ses yeux brillaient, il avait l'air de me dire : « Sois donc content, nous sommes tirés d'affaire. » Je m'assis, et, sur la grève, j'aperçus un douanier et des paysans qui accouraient.

XIII

C'était à l'est du cap Lévi, à quatre ou cinq lieues de Cherbourg, que l'*Orénoque* avait été jeté à la côte.

Les paysans qui étaient venus à mon secours m'emmenèrent à Fermanville, le village le plus proche, et l'on me coucha chez le curé.

J'avais été si rudement secoué par les émotions et la fatigue que je dormis plus de vingt heures sans m'éveiller; je crois même que Turc et moi nous aurions dormi cent ans, comme dans *la Belle au bois dormant*, si le commissaire de la marine et les agents des assurances n'étaient venus nous déranger.

Il me fallut comparaître devant eux et raconter tout ce qui s'était passé depuis le départ du Havre jusqu'au moment où l'*Orénoque* avait fait côte; il me fallut dire aussi comment je me trouvais dans la caisse; ce ne fut pas sans crainte que je m'y décidai. Il fallait bien avouer la vérité, si invraisemblable qu'elle fût et quoi qu'il en pût advenir.

Il en advint que je fus envoyé au Havre, auprès de l'armateur de l'*Orénoque*. On m'embarqua donc trois jours après à Cherbourg, sur le *Colibri*, et j'arrivai au Havre le soir même.

Mon histoire y était déjà connue, les journaux l'avaient publiée, et j'étais presque un héros, ou tout au moins un sujet de curiosité. Quand je parus au haut de l'échelle du *Colibri*, il y avait foule sur le quai, et l'on nous montrait du doigt, Turc et moi, en disant :

— Les voilà! les voilà!

J'appris au Havre que l'équipage de l'*Orénoque* n'avait pas péri; il avait été recueilli en pleine mer par un navire anglais, et le bateau de Southampton l'avait rapatrié. Quant au pauvre Hermann, il avait été jeté à la mer lors de l'abordage, et soit qu'il ne sût pas nager, soit qu'il eût été tué ou blessé par les pièces de la mâture qui l'avaient entraîné, il n'avait pas reparu. Ainsi s'expliquait comment il n'était pas venu me délivrer.

Mon récit était, paraît-il, un témoignage très-grave contre le capitaine : les assureurs disaient que s'il n'avait pas abandonné son navire, il pouvait le sauver : puisqu'un enfant avait bien su le conduire à la côte, un équipage l'eût assurément entré dans un port. On discutait là dessus, on ne parlait que de cela au Havre, de tous les côtés en m'interrogeait.

On jouait alors au théâtre *le Naufrage de la Méduse*, et le directeur eut l'idée de me faire figurer dans cette pièce en donnant la première représentation à mon bénéfice. On refusa du monde à la porte. On m'avait confié le rôle muet, bien entendu, d'un mousse ; quand j'entrai en scène avec Turc, les acteurs furent obligés de s'arrêter tant on applaudit. Toutes les lorgnettes étaient pointées sur moi ; je commençai sottement à croire que j'étais vraiment un personnage ; Turc aurait pu en penser tout autant.

Les frais du directeur prélevés, et il dut les prélever largement, cette représentation me rapporta deux cents francs ; on joua encore huit fois la pièce, et chaque fois il me donna cinq francs ; cela me fit une somme totale de deux cent quarante francs, c'est-à-dire une fortune.

Je résolus de l'employer en grande partie à m'acheter un trousseau, car ma passion pour la mer et la terreur de mon oncle avaient résisté à tout. Abandonné sur l'*Orénoque*, ballotté par la tempête, jeté à la côte, c'est-à-dire presque sûrement à la mort, j'avais fait, je l'avoue, de tristes réflexions, et le sort de ceux qui vivent tranquilles sous leur toit m'avait paru plus enviable que celui des marins ; mais, retombé sur mes pieds, il en avait été de ces craintes comme de l'eau qui mouillait mes vêtements : elles s'étaient évanouies sous le premier rayon de soleil ; et, en arrivant au Havre, je n'avais pensé qu'à trouver un navire sur lequel on voulût bien me prendre comme mousse. L'armateur de l'*Orénoque* m'avait fait engager sur un autre de ses bâtiments, l'*Amazone*, et cet argent m'arrivait tout à fait à point pour acheter les objets nécessaires à mon embarquement.

Lors de ma rencontre avec le pauvre Hermann, il m'avait, vous vous en souvenez, n'est-ce pas ? emmené loger chez lui. Ce chez-lui était un petit cabinet noir au fond d'une cour du quai des Casernes. J'y retournai. La propriétaire voulut bien me le louer; seulement elle me prévint qu'elle ne pourrait pas me nourrir, parce qu'elle était malade; mais cela m'inquiétait peu, la question de nourriture étant pour moi tout à fait secondaire et n'existant même pas, dès que j'étais sûr d'avoir un morceau de pain.

C'était une excellente femme que cette propriétaire; bien qu'elle pût se traîner à peine, je trouvai en elle toutes sortes de prévenances et de bontés qui me rappelaient la maison maternelle.

Elle était veuve, jeune encore, et elle avait un fils de deux ans plus âgé que moi qui naviguait; il était parti depuis dix mois pour un voyage aux Indes, et on attendait le retour de son navire, la *Neustrie*, d'un moment à l'autre.

Il n'y avait pas seulement entre elle et ma mère ces analogies lointaines de position; mais, comme ma mère aussi, elle détestait la marine. Son mari était mort loin d'elle de la fièvre jaune, à Saint-Domingue, et c'était pour elle un désespoir de tous les instants que son fils eût voulu s'embarquer. Sa seule consolation était d'espérer que ce premier voyage, qui avait été très-pénible à l'aller, l'aurait dégoûté du métier et qu'il reviendrait disposé à rester à terre.

Avec quelle impatience elle l'attendait! Chaque fois que je revenais de la jetée, où je passais presque toutes mes journées, elle voulait savoir quel était le temps, où était le vent, s'il était entré beaucoup de navires. Le voyage aux Indes est très-long, incertain, capricieux, et la *Neustrie* pouvait arriver aujourd'hui, demain, dans quinze jours, dans un mois, tout aussi bien un jour que l'autre.

Il y avait un peu plus d'une semaine que je demeurais chez elle, lorsque sa maladie s'aggrava d'une façon inquiétante. J'entendis dire aux voisines qui venaient la voir ou la soigner qu'elle était en danger et que le médecin ne répondait plus d'elle. Effectivement elle était de plus en plus faible, très-pâle, presque sans voix, et quand j'entrais dans sa chambre pour lui dire quel temps il faisait à la mer, j'éprouvais, à la regarder dans son lit, comme un sentiment de peur.

Après les bourrasques que nous avions eues et qui avaient perdu l'*Orénoque*, le temps s'était mis au beau. La mer était continuellement paisible, comme aux plus beaux jours de l'été, et même il régnait un calme plat qui n'est pas ordinaire à cette saison de l'année.

Ce calme la désespérait, et chaque fois qu'en rentrant je répétais ce que je lui avais annoncé la veille : « Pas de vent, petite brise de l'est, » elle secouait doucement la tête en disant :

— Le bon Dieu m'est dur : je mourrai sans l'embrasser.

Alors les voisines ou les amies qui étaient dans sa chambre la grondaient de penser ainsi à la mort, et tâchaient de la rassurer en lui faisant tous ces mensonges qu'on invente pour les malades qui sont en danger. Mais ils ne la persuadaient pas, et toujours elle répétait :

— Bien sûr que je ne le reverrai pas.

Ses yeux s'emplissaient de larmes, et cela donnait envie de pleurer comme elle. Je ne me rendais pas bien compte de son état, mais par ce que j'entendais dire je comprenais qu'il était tout à fait désespéré, et je n'osais jamais rentrer sans demander auparavant comment elle se trouvait.

Un matin, c'était un mardi, j'avais été voir l'entrée des navires, et je revenais pour déjeuner; en arrivant devant la voisine que j'avais coutume d'interroger, elle me fit signe d'entrer.

— Le médecin est venu, dit-elle.

— Eh bien ?

— Il dit qu'elle ne passera pas la journée.

Je n'osais monter l'escalier; à la fin, je me décidai et retirai mes souliers pour ne pas faire de bruit. Mais quand je passai devant sa porte elle reconnut mon pas.

— Romain ! dit-elle d'une voix faible.

J'entrai; une de ses sœurs, qui ne la quittait plus, était près d'elle; celle-ci me fit signe de m'asseoir, mais la malade m'appela près de son lit. Elle me regarda sans parler, mais je la compris.

— Toujours le même temps.

— Pas de vent?

— Non.

— Quels navires?

— Des barques de pêche, les navires de la Seine et le vapeur de Lisbonne.

J'avais à peine achevé ces mots que la porte fut poussée vivement, et le mari de sa sœur, qui était ouvrier sur le port, entra. Il paraissait ému.

— Le vapeur de Lisbonne est arrivé, dit-il.

— Oui, Romain vient de nous l'apprendre.

Elle dit cela négligemment; mais en même temps ses yeux rencontrèrent ceux de son beau-frère; elle vit qu'il y avait en lui quelque chose qui n'était pas ordinaire.

— Mon Dieu! fit-elle.

— Eh bien! oui, il y a du nouveau; il a rencontré la *Neustrie* dans le raz de l'île de Sein; tout va bien à bord.

Elle était étendue sur son lit, si pâle et si faible qu'on pouvait presque la dire morte; elle se souleva sur le bras.

— Mon Dieu! mon Dieu! dit-elle; et ses yeux éteints se ranimèrent; le sang lui rougit le visage.

Elle voulut qu'on lui expliquât combien il fallait de temps à la *Neustrie* pour venir de l'île de Sein au Havre. C'était assez difficile : deux jours, si le vent était favorable; six jours, huit jours, s'il était mauvais. Le vapeur de Lisbonne avait mis une trentaine d'heures, la *Neustrie* pouvait donc arriver le lendemain.

Elle envoya chercher le médecin.

— Il faut que je vive jusque-là, disait-elle; le bon Dieu ne voudra pas me faire mourir avant de l'avoir embrassé.

La force lui était revenue, la raison, l'énergie; le médecin, quand il la vit, ne voulait pas croire à ce miracle.

C'était une maison de pauvres gens; la pièce dans laquelle elle était couchée servait à la fois de cuisine et de chambre; après quinze jours de maladie, il n'était pas

extraordinaire qu'elle fût en désordre, encombrée de mille
objets, de vases, de tasses à tisane, de fioles qui traînaient
dans la poussière. A proprement parler, la malade n'avait
personne pour la soigner, seulement des amies, des voisines, sa sœur, qui venaient la veiller durant quelques
heures, et qui retournaient bien vite chez elles, rappelées
par leur travail ou leurs enfants.

Elle nous pria de nettoyer un peu cette pièce et d'y
mettre de l'ordre; elle voulut aussi qu'on ouvrît la fenêtre, et comme sa sœur s'y refusait, de peur que l'air ne
lui fît du mal, elle insista :

— Ça ne fait rien pour moi, mais je ne veux pas que
ça sente la maladie quand il arrivera.

Quand arriverait-il? Le temps ne changeait pas, il était
toujours au calme plat, sans la plus faible brise qui pût
pousser la *Neustrie*.

Dans les ports de commerce, il est d'habitude qu'on si-
gnale les navires qui sont en vue ; pour le Havre, c'est à
la pointe de la Hève que se font ces signaux, qui sont
répétés au Havre et aussitôt affichés. Elle me demanda
si je voudrais lui rendre le service d'aller lire ces affi-
ches; on pense bien que je ne songeai pas à m'en excuser,
et, d'heure en heure, j'allai du quai des Casernes à la rue
d'Orléans, où se trouvait alors le bureau de la Chambre
des assureurs qui recevait ces signaux.

Mais, par ce calme plat, il n'y avait aucun navire en
vue, tous étaient retenus à l'entrée de la Manche.

Cependant elle ne se découragea pas, et, le soir arrivé,
elle nous fit rouler son lit auprès de la fenêtre. Sur le
toit de la maison en face était une grande girouette ; elle
nous dit qu'elle voulait la voir à chaque instant, parce
qu'elle sentait bien que le vent allait changer. Dans tout
autre moment, cela nous eût fait rire ; car sur le fond du
ciel bleu, éclairé par la pleine lune, on voyait la girouette
se détacher en noir, immobile comme si elle eût été soudée
au pivot.

Sa sœur, qui était restée pour la veiller, m'envoya
coucher. Dans la nuit, je fus réveillé par un bruit que je

n'avais pas encore entendu depuis que j'habitais mon cabinet : une sorte de grincement. Je me levai ; c'était la
girouette qui tournoyait en criant sur la tige de fer ; le
vent s'était élevé.

Je descendis dans la rue et j'allai jusqu'à la jetée. La
mer commençait à clapoter ; le vent soufflait frais du
nord : un douanier avec qui je causai me dit qu'il allait
fraîchir encore et probablement passer à l'ouest.

Je rentrai à la maison pour porter cette bonne nouvelle,
car, le vent à l'ouest, c'était la *Neustrie* au Havre dans la
journée ou à la marée du soir.

— Vois-tu, dit-elle, que j'avais raison ; je savais bien
que le vent changerait ; ah ! le bon Dieu est bon.

Sa sœur me dit qu'elle n'avait pas dormi de la nuit, et
qu'elle était restée sans bouger, les yeux fixés sur la girouette, ne disant qu'un seul mot, toujours le même :

— A quelle heure la pleine mer ?

Elle voulut boire un peu de vin ; le médecin avait dit
qu'on pouvait lui donner ce qu'elle voudrait ; elle en
prit à peine une gorgée, car elle était bien faible, respirant difficilement et haut.

— Cela me soutiendra jusque-là, dit-elle.

Puis ses yeux se tournèrent vers la girouette, et elle ne
dit plus rien. Seulement de temps en temps elle murmurait :

— Pauvre Jean ! pauvre Jean !

Jean, c'était son fils.

Quand le ciel commença à blanchir, elle m'appela près
de son lit :

— Tu vas aller chez le boucher, dit-elle, tu lui demanderas trois livres pour le pot-au-feu, du meilleur ; tu
achèteras aussi un chou.

— Le chou te fera mal, dit la sœur.

— C'est pour Jean ; il aime le chou, et il y a si longtemps qu'il n'en a mangé. Tiens, voilà de l'argent.

Et elle tira difficilement une pièce de cent sous de
dessous son oreiller.

Le médecin vint le matin ; il nous dit qu'il n'avait

jamais vu pareille énergie contre la mort, qu'elle ne vivait que par la volonté et l'espérance, mais que, puisqu'elle avait pu aller jusque-là, il était probable qu'elle irait maintenant jusqu'au soir, et qu'elle ne mourrait qu'à la marée basse.

Lorsque l'heure de l'ouverture du bureau fut arrivée, je courus rue d'Orléans; les navires commençaient à se montrer, mais la *Neustrie* ne se trouvait pas parmi ceux qu'on afficha. De huit heures du matin à trois heures de l'après-midi, je fis vingt voyages à la rue d'Orléans; à trois heures, enfin, je lus sur l'affiche : « La *Neustrie*, venant de Calcutta. »

Il était temps de rapporter cette bonne nouvelle, car la malade allait toujours baissant, et la déception de ne pas voir arriver son fils à la marée du matin lui avait porté un coup funeste. En apprenant que la *Neustrie* était signalée, elle se ranima.

— A quelle heure la pleine mer? demanda-t-elle.

— A six heures.

— Je crois bien que je vivrai jusque-là; un peu de vin.

Je m'en allai sur la jetée; on voyait en rade plus de vingt grands navires à l'ancre ou qui tiraient des bordées en attendant la pleine mer. A quatre heures, ceux qui ne calaient pas beaucoup commencèrent à entrer; mais la *Neustrie* était d'un fort tonnage, elle ne donna dans la passe que vers cinq heures.

Je courus à la maison; je n'eus pas besoin de parler.

— Elle est entrée? dit-elle.

— Elle entre.

— Arrange-moi, dit-elle à sa sœur, et elle se fit soutenir avec des oreillers; ses yeux seuls étaient encore vivants; ses lèvres étaient décolorées.

Un quart d'heure après, la rampe de l'escalier trembla comme si on l'arrachait : c'était son fils; elle eut la force de se soulever pour le prendre dans les bras.

Elle mourut le soir à onze heures, à la marée basse, comme l'avait dit le médecin.

Cette mort, cet amour de mère pour son fils, cette lutte contre l'agonie, ce désespoir, firent sur mon esprit et sur mon cœur ce que n'avaient fait ni les supplications de Diélette ni le naufrage de l'*Orénoque*.

Ma mère aussi pouvait mourir tandis que je serais loin d'elle : pour la première fois, je le vis, je le sentis.

Je ne dormis pas de la nuit : cette pensée m'étranglait. L'*Amazone* partait dans quinze jours, le bateau de Honfleur partait le matin à six heures. L'esprit d'aventure et la peur de mon oncle me poussaient à l'embarquement ; la pensée de ma mère me retenait au Port-Dieu. Après tout, mon oncle ne me mangerait pas. Je m'étais bien défendu contre la faim, contre le froid, contre la tempête ; avec du courage, je pourrais bien aussi me défendre contre mon oncle. Si ma mère ne voulait pas que je fusse marin, elle en avait le droit : avais-je, moi, le droit de me sauver sans son consentement ? Ne serait-elle pas fâchée contre moi quand je reviendrais ? Et si je ne revenais pas, qui prendrait soin d'elle quand elle ne pourrait plus travailler ?

A quatre heures, je me levai et fis mon paquet ; à cinq heures et demie, j'embarquais sur le bateau d'Honfleur ; à six heures, je quittais le Havre, et trente-six heures après, à six heures du soir, au soleil couchant, j'apercevais les premières maisons du Port-Dieu.

J'avais pris par la lande, c'est-à-dire par le même chemin que j'avais suivi avec Diélette ; mais la saison avait avancé depuis ce jour-là, ce n'était plus le même chemin. L'herbe avait verdi, les ajoncs étaient en fleur, et, dans la mousse des fossés, on voyait les violettes qui commençaient à fleurir ; de la terre et des plantes s'exhalait, après une chaude journée, une senteur qui dilatait les poumons et exaltait le cœur.

Jamais je ne m'étais senti si heureux, si joyeux. Comme ma mère allait m'embrasser !

Arrivé à notre haie, je sautai sur le talus ; à vingt pas devant moi, Diélette ramassait des mouchoirs étendus sur un cordeau.

— Diélette !

Elle se tourna du côté d'où partait ma voix; mais elle ne me vit pas, car j'étais caché par la haie.

Je m'aperçus alors qu'elle était en noir, en grand deuil.

En deuil, pourquoi? de qui? Un seul cri m'échappa :

— Maman !

Mais avant que Diélette eût pu me répondre ma mère parut sur le seuil de la maison et je fus rassuré.

Derrière elle apparut en même temps un grand vieillard à barbe blanche, M. de Bihorel. Lui près de ma mère ! Je ne sais ce qui se passa en moi. Je crus voir deux fantômes.

Ce ne fut heureusement qu'un éclair.

— Eh bien ! Diélette, qu'est-ce qu'il y a donc ? demanda M. de Bihorel.

Il parlait, il était vivant. Je ne me trompais pas. Je brisai la haie et passai au travers des ajoncs. Quelle joie !

La première explosion un peu calmée, il me fallut raconter mes aventures depuis que je m'étais séparé de Diélette; mais j'avais une telle hâte de savoir comment, par quel miracle, M. de Bihorel mort pouvait être là vivant devant nous, parfaitement vivant, que je fis mon récit en quelques mots.

L'histoire de M. de Bihorel était des plus simples.

En revenant de l'île des Grunes, sa chaloupe avait chaviré dans une rafale; il avait pu se mettre à cheval sur la quille, et il avait été recueilli dans cette position par un trois-mâts qui allait du Havre à San-Francisco. Le capitaine de ce navire, qui avait eu l'humanité de faire mettre un canot à la mer pour le sauver, n'avait pas voulu relâcher dans un port pour le débarquer, et M. de Bihorel s'était trouvé bon gré mal gré en route pour la Californie : un voyage de cinq à six mois, si l'on ne rencontrait pas de navire pour le rapatrier. Cette heureuse chance ne s'était pas réalisée. Au cap Horn, il avait déposé une lettre pour nous dans cette boîte que les navigateurs ont établie à l'île de Feu; mais cette lettre n'était jamais parvenue en France. Arrivé à San-Francisco, il avait tra-

versé l'Amérique en remontant par les prairies, et il n'é-
tait rentré en France que depuis deux mois.

Je ne fus pas marin.

Mon oncle l'Indien était mort ; c'était de lui qu'on portait le deuil ; il avait laissé une grosse fortune qui faisait
riche chacun de ses héritiers.

M. de Bihorel voulut bien me reprendre auprès de lui
et achever mon éducation. Quant à Diélette, elle entra
dans une pension. Si elle a profité des leçons qu'elle y a
reçues, si elle est devenue une digne femme, une bonne
mère, vous en serez juge quand elle rentrera tout à
l'heure avec ses enfants, avec nos deux bébés, un garçon
et une fille, qui aiment M. de Bihorel comme s'il était
leur grand-père. Tous les jours, ils vont à la Pierre-Gante
lui faire leur visite.

Je ne naviguai pas moi-même, mais je n'en gardai pas
moins une passion pour tout ce qui touche à la mer ; sur
les trente navires que le Port-Dieu arme tous les ans
pour la pêche de Terre-Neuve, six m'appartiennent.

Ma mère n'a pas quitté le Port-Dieu, et elle habite
toujours notre maison ; j'ai fait reconstruire le rouf déjà
deux fois pour que rien ne soit changé. Le tableau que
vous voyez là représente précisément notre maison ; il
est de Lucien Hardel, qui est devenu notre ami ; tous les
ans, il vient passer deux mois avec nous, et, malgré ses
efforts, il ne peut pas trouver dans la contrée un gendarme pour se faire arrêter.

M. de Bihorel, toujours vivant, a aujourd'hui quatre-
vingt-douze ans. L'âge n'a affaibli ni sa santé ni son intelligence ; sa grande taille s'est courbée, mais son cœur
est resté jeune et bon. Les arbres qu'il a plantés ont
poussé, et l'île, dans la partie à l'abri du vent, est touffue
comme un bois ; du côté de l'ouest, il y a toujours des
moutons noirs, la même famille de vaches et des lapins.

Les goëlands viennent toujours tournoyer autour des
rochers, et quand ils font leur tapage, Samedi, toujours
aussi sain, aussi vigoureux qu'au temps où il voulait me
faire boire la goutte, ne manque jamais de me demander

— Romain,' *tscom, couac, couac,* qu'est-ce que ça veut dire?

Et il rit en se tenant les côtes; puis, si M. de Bihorel, qui a depuis quelques mois l'oreille un peu dure, nous regarde intrigué, il ôte son bonnet de laine et prenant son sérieux :

— Il ne faut pas rire, dit-il; le pauvre maître! si tu es un homme, n'oublie pas que c'est à lui que tu le dois.

Et c'est vrai.

Sans doute la fortune de mon oncle l'Indien m'est arrivée bien à propos; mais il n'en est pas moins certain que, sans M. de Bihorel, sans ses leçons, sans ses exemples, sans les soins qu'il a pris de mon éducation, sans sa direction, je ne serais guère aujourd'hui qu'un paysan enrichi, car ce n'est pas la fortune qui fait un homme.

Si cette vérité avait besoin d'être appuyée, la vie de mon oncle Simon serait là pour lui apporter son témoignage.

L'héritage de son frère, s'ajoutant à la fortune qu'il avait déjà, lui avait donné la fièvre de l'argent. Se trouvant trop riche pour exploiter les pauvres paysans qui ne rendaient pas assez entre ses mains, il s'était lancé dans les grandes spéculations. Mais là il avait trouvé plus fin et plus retors que lui, et en peu d'années ses associés l'avaient ruiné, et si complétement ruiné que lorsque tout ce qu'il possédait avait été vendu, son étude, sa maison de Dol, son domaine qui lui avait coûté tant de peines et tant de sueurs, il lui avait manqué une dizaine de mille francs pour achever de payer ses dettes.

Précisément à ce moment je venais d'atteindre mes dix-huit ans et l'on m'avait émancipé, ce qui m'avait donné la libre disposition de la fortune de mon oncle l'Indien. D'après les conseils de ma mère et de M. de Bihorel, j'avais voulu venir en aide à l'oncle Simon. Mais il avait fort mal accueilli ma proposition, et il avait fallu désintéresser ses créanciers malgré lui et en cachette : il était accouru chez nous et il nous avait fait une scène terrible :

— nous étions des niais, des bourreaux d'argent.

Il vit maintenant d'une pension que nous lui servons. Encore pour cela faut-il que nous nous y prenions d'une façon détournée.

Tout d'abord il avait été convenu qu'il toucherait une certaine somme tous les ans. Mais bientôt on nous apprit qu'au lieu d'employer cette somme à ses besoins il la faisait servir pour la plus grosse part à prêter à la petite semaine et à continuer en petit son commerce de bric-à-brac. Maintenant nous payons sa pension chez de braves gens, qui le logent et le nourrissent. Mais, malgré cette précaution, il trouve encore moyen de se priver du nécessaire pour avoir le bonheur d'amasser quelques sous : il vend ses vêtements neufs quand nous les lui donnons.

Quand nous lui faisons des reproches, il nous répond que nos prodigalités nous ruineront un jour, et que nous serons alors heureux de trouver l'argent qu'il a la sage précaution de mettre de côté.

FIN

Sceaux. — Imp. et stér. M. et P.-E. Charaire.

Original en couleur

NF Z 43-120-8

www.ingramcontent.com/pod-product-compliance
Lightning Source LLC
Chambersburg PA
CBHW060030100426
42740CB00010B/1679